Rue des Écoles

La collection « Rue des Écoles » est dédiée à l'édition de travaux personnels, venus de tous horizons : historique, philosophique, politique, etc. Elle accueille également des œuvres de fiction (romans) et des textes autobiographiques.

Déjà parus

Idrissi (Colette-Madeleine), *Les jardins et les ombres*, récit, 2018.

Cerchiari (Philippe), *Une île magnifique dans le Pacifique*, roman, 2018.

Rech (Henri), *Été indien sur le chemin des étoiles*, récit, 2018.

Larchier (Alain), *Terroriste*, roman, 2018.

Lajeunesse (Thierry), *Clair de Chine*, récit, 2018.

Mothes (Patrick), *La part du destin*, roman, 2018.

Latreille (Jean) *Merci les pauvres !*, essai, 2018.

Maurel (Olivier), *Dernières confessions d'un agent clandestin de la DGSE*, roman, 2018.

Scrive (Stéphane), *L'assassinat du gouverneur*, roman, 2018.

Forichon (Emmanuel), *Bab Rouah, la porte du retour*, roman, 2018.

Delisle (Nathalie) *Canis Majoris*, roman, 2018.

Traissac (Catherine), *Hors-piste*, roman, 2018.

Ces douze derniers titres de la collection sont classés par ordre chronologique en commençant par le plus récent.
La liste complète des parutions, avec une courte présentation du contenu des ouvrages, peut être consultée sur le site www.editions-harmattan.fr

RÉVEILLONS-NOUS !

5-7, rue de l'École-Polytechnique, 75005 Paris

http://www.editions-harmattan.fr

ISBN : 978-2-343-14970-7
EAN : 9782343149707

Gabriel Langouët
Dominique Groux

Réveillons-nous !

Pour un monde plus juste

PRÉFACE D'OBRILLANT DAMUS

L'Harmattan

Quelques ouvrages des auteurs

Gabriel Langouët

Les inégalités entre Etats et populations de la planète, Trop, c'est trop ! (Préface de Roger Establet), L'Harmattan, 2011.

Les inégalités dans l'Union européenne et ailleurs. Et si on osait ?, L'Harmattan, 2014.

Dominique Groux

Pour une éducation à l'altérité (dir.), L'Harmattan, 2002.

Dictionnaire d'Education Comparée (dir.), L'Harmattan, 2002.

SOMMAIRE

Sommaire 7

Préface
par Obrillant Damus..9

Avant-propos. Notre planète et ses habitants sont en réel danger..15

Introduction. « Indignez-vous ! » mais prenons ensemble « le chemin de l'espérance »...................................19

Première Partie. État des lieux des inégalités..................25

Vingt États pour mieux évaluer les inégalités......................27

Chapitre 1. Entre les États, des inégalités trop souvent excessives, et parfois totalement intolérables 31

Chapitre 2. A l'intérieur des États, des inégalités souvent aussi indécentes, qui amplifient encore les précédentes..53

Bilan intermédiaire..85

Deuxième Partie. Ébauches de propositions....................... 93

Chapitre 1. Vers un monde meilleur, solidaire et moins inégalitaire : rapport au bien-être dans les 20 États 95

Chapitre 2. Norvège, Maurice et Cuba : trois États observés de près 123

Conclusion..145

PREFACE

Gabriel Langouët et Dominique Groux, respectivement professeur émérite de l'Université René Descartes-Paris V et professeure émérite de l'Université des Antilles, nous donnent à lire un ouvrage fort captivant sur le monstre ubiquitaire aux mille visages que constitue l'Inégalité dans le monde actuel. L'objectif principal de ce livre est d'apporter un éclairage à la compréhension des diverses formes d'inégalités qui expliquent les menaces et les injustices auxquelles font face la terre et ses habitants. Pour ce faire, les auteurs ont constitué un échantillon de vingt pays (des pays riches, très riches, extrêmement riches aux pays pauvres, très pauvres, extrêmement pauvres) afin d'étudier, dans une perspective comparative, des inégalités intra (comparaisons verticales) et inter-étatiques (comparaisons horizontales). Pour décrire et interpréter ces inégalités dans le détail desquelles je ne vais pas entrer ici (inégalités de revenus, inégalités de distribution de revenus entre les femmes et les hommes, inégalités face aux pertes de développement humain [inégalités existant dans les dimensions de l'indice du développement humain], inégalités entre les femmes et les hommes, inégalités d'accès à l'éducation et à la santé, etc.), ils ont utilisé des données fournies particulièrement par le Programme des Nations Unies pour le Développement (PNUD) et par l'Organisation de coopération et de développement économique (OCDE).

Les auteurs se sont laissé guider par le questionnement suivant : « Dans quel monde vivons-nous ? Dans quel monde aimerions-nous vivre ? Que faire pour y parvenir ? » Ils sont partis de plusieurs constats : 1) Les inégalités qui ponctuent l'existence des millions d'hommes, de femmes et d'enfants ne sont pas naturelles, mais d'origine sociale, culturelle, économique et politique (donc, elles ne sont pas des fatalités qui s'abattent sur les sociétés humaines), 2) Il existe des États inégalitaires (Roumanie, Russie, Afrique du Sud, Brésil, etc.) et des États égalitaires (Norvège, Canada, Islande, Danemark…).

De nombreuses formes du mal anthropique peuvent être reliées à la complexité des formes visibles et invisibles d'inégalités. Les conséquences des inégalités « excessives », « intolérables » et « insoutenables » générées par des actions anthropiques sont multiples : les maladies, la mort prématurée, la pauvreté économique, la famine, l'analphabétisme, la malnutrition, l'immigration illégale, la violence, la radicalisation, l'extrémisme, le suicide, etc. Après avoir tiré la sornette d'alarme, Gabriel Langouët et Dominique Groux proposent des solutions concrètes visant à réduire le problème des inégalités :

1) Ils appellent de leurs vœux la (re)distribution des richesses du monde. On sait que nous vivons dans un monde qui « propose la moitié de ses ressources à 1% de sa population ». Les États seraient moins inégalitaires si la majorité des membres des gouvernements humains cessaient de développer des solidarités antidémocratiques, c'est-à-dire des solidarités qui empêchent l'amélioration sociale, économique, culturelle du plus grand nombre (des solidarités qui font obstacle à la justice distributive, redistributive). La politique de distribution et de redistribution des richesses de notre monde doit être fondée sur deux principes : le principe d'équité intragénérationnelle (il s'agit de réduire les inégalités de toutes sortes qui accablent les générations actuelles) et le principe d'équité intergénérationnelle (et de ne pas gaspiller les ressources de la planète de peur de léser les générations futures). Cette politique doit être appliquée par toutes les institutions et les organisations comme les entreprises privées et publiques. Une entreprise qui maximise ses bénéfices pour ses actionnaires (monisme actionnarial) ne contribue pas à la lutte contre les inégalités. Par contraste, une entreprise fondée sur le pluralisme partenarial, c'est-à-dire qui tient compte des intérêts des actionnaires, des clients, des salariés, etc., est une entreprise qui lutte contre les inégalités. L'enrichissement est honteux quand il contribue à la création et au maintien des inégalités. Les entreprises peuvent consacrer une partie de leur masse salariale à la formation continue et à l'éducation de leurs salariés afin de prendre part à cette lutte. En Haïti, les entreprises perçoivent la formation des employés déjà sous-rémunérés comme une menace à leur survie.

2) Les auteurs sont persuadés qu'« une aide internationale conséquente et urgente, au nom de la solidarité... et, bien souvent, de la dette » doit être accordée aux pays les plus inégalitaires comme Haïti, le Mali, le Bhoutan, etc. Les pays les plus riches peuvent se solidariser davantage avec les États les plus pauvres anciennement colonisés en les aidant à améliorer leur indice de

développement humain, à réduire des inégalités endogènes plutôt que de manifester envers eux une attitude méprisante et dominatrice. Parodions les propos d'Alfred Sauvy : « Ces pays en développement ignorés, exploités, méprisés comme le *tiers état*, veulent, eux aussi, être quelque chose » (Sauvy avait forgé le terme tiers monde pour désigner ce que l'ONU appelle actuellement les pays en développement). L'approche de réduction des inégalités adoptée dans le présent ouvrage n'est pas utopiste, mais résolument humaniste. Les pays les plus pauvres sont des géants endormis. Il faudrait les aider à se réveiller, plutôt que de les qualifier de « trous de merde », expression utilisée par le président américain Donald Trump pour qualifier Haïti, le Salvador et les pays africains, ou bien de pays inertes, impuissants et désespérés (Feu Lord Curzon, un ministre britannique, qualifiait la Chine de « grande masse inerte, impuissante et désespérée »).

Ce sont les corrupteurs et les corrompus qui ont toujours bénéficié, de manière substantielle, de l'aide au développement des pays pauvres. Les États riches doivent accompagner les pays sous-développés dans la lutte contre le détournement et le gaspillage de l'aide financière internationale. Sans une lutte permanente contre les pratiques de corruption au sein des États riches et pauvres, l'aide internationale contribuera au renforcement des inégalités, aussi paradoxal que cela puisse paraître. Dans l'avant-propos de la Convention des Nations Unies Contre la Corruption (2004), l'ancien secrétaire général Kofi Atta Annan a écrit : « Le mal court dans de nombreux pays, grands et petits, riches et pauvres, mais c'est dans les pays en développement qu'il est le plus destructeur. Ce sont les pauvres qui en pâtissent le plus, car, là où il sévit, les ressources qui devraient être consacrées au développement sont détournées, les gouvernements ont moins de moyens pour assurer les services de base, l'inégalité et l'injustice gagnent et les investisseurs et donateurs étrangers se découragent. La corruption est une des grandes causes des mauvais résultats économiques ; c'est aussi un obstacle de taille au développement et à l'atténuation de la pauvreté ». Après avoir subi le tremblement de terre du 12 janvier 2010, Haïti aurait reçu beaucoup d'aides. Néanmoins, celles-ci ne lui ont pas permis de progresser sur le chemin du développement. Rappelons que ce sont seulement six « maisons »

que la Croix-Rouge américaine a réussi à construire dans ce pays avec les 488 millions de dollars récoltés.
D'après Langouët et Groux, la résilience de ses populations pauvres devrait être mise au service du développement d'Haïti : « Haïti, malgré une misère insoutenable et des inégalités accablantes, conserve une satisfaction de vivre un peu supérieure aux attentes ; et c'est bien la preuve qu'il serait capable de se reconstruire, si une aide internationale décente lui était octroyée ».
L'aveuglement psychique des gouvernements haïtiens qui se sont succédé, la culture, la banalisation et le génie de la corruption sont les principaux obstacles au développement socio-économique d'Haïti. Ces gouvernements n'ont pas été mus par le génie de la solidarité humaniste et du bien public.
Les mesures de réduction des inégalités à l'intérieur des États et entre les États ne doivent pas être fondées sur une politique d'occidentalisation ou d'américanisation excessive du monde. Les pays développés (63 en 2013) représentent 20 % de la population mondiale, produisent et consomment 85 % des produits chimiques synthétiques, 80% de l'énergie non renouvelable, 40 % de l'eau douce et émettent dix fois plus de gaz à effet de serre par habitant que les pays en voie de développement (Reeves, 2003). Si les États occidentaux n'infléchissent pas leurs habitudes de consommation *lato sensu*, ils ne pourront pas s'engager réellement dans la réduction des inégalités chez eux ni dans les autres parties du monde. Ils doivent développer une nouvelle politique d'éducation à la consommation, laquelle devrait consister à apprendre aux enfants à se contenter de peu dès leur plus jeune âge (Cette suggestion est aussi valable pour certains États asiatiques comme la Chine et la Corée du Sud). 20 % de l'humanité consomme 80 % des richesses naturelles de la planète (Les Amis de la terre, 2011). « Pour généraliser le niveau de vie de l'hémisphère Nord, il nous faudrait trois planètes et nous n'en avons qu'une » (Jean Baptiste de Foucauld, 1943). « Si tout le monde consommait comme un Américain, il faudrait disposer de 5 planètes, et de 2,5 planètes, si tout le monde consommait comme un Européen » (Fonds mondial pour la nature). Les macro-consommateurs contribuent de manière consciente ou inconsciente à la vulnérabilité des millions d'hommes, de femmes et d'enfants.

Il ne suffit pas d'avancer que le mode de vie occidental n'est pas généralisable. Aussi faudrait-il changer de paradigme socio-économique en Occident et dans le reste du monde en rompant avec la conception matérialiste surplombante de la richesse et de la pauvreté. La conception orthodoxe contagionniste de la richesse et de la pauvreté engendre chez la plupart de nos contemporains des sentiments d'insatisfaction, d'angoisse et de haine (de soi, de l'autre). Même les personnes extrêmement riches peuvent être insatisfaites et avoir peur de (re)devenir pauvres. Le sentiment de peur que la pauvreté (la peur fantasmatique de sombrer dans les privations matérielles) suscite chez tous constitue un obstacle à la solidarité humaniste entre les riches et les pauvres[1]. Les aides de subsistance (*versus* aides promotionnelles) ne pourront pas réduire le fossé entre les États riches et les États pauvres (« Concernant les différences entre États, le revenu brut par habitant (RNB/h) est un très bon indicateur, qui situe la position moyenne des revenus de leurs habitants : par exemple et pour situer les extrêmes, en 2013, le Qatar disposait, en moyenne, de revenus voisins de 119 000$ tandis qu'en République démocratique du Congo, ce revenu ne s'élevait qu'à 444$ par habitant, soit 268 fois moins »). Les richesses matérielles nourrissent une illusion d'invulnérabilité ontologique ou de toute-puissance, qui représente un obstacle majeur au développement d'une véritable justice (re)distributive. Mais il faut noter que la pauvreté matérielle choisie est une force de progrès moral pour beaucoup de personnes.

Pour lutter efficacement contre les inégalités intra et inter-étatiques, nous devons commencer par cesser de les produire. Gabriel Langouët et Dominique Groux souhaitent vivement que la dette des pays pauvres soit annulée. La dette affaiblit sérieusement l'économie des pays pauvres, car une partie importante de leurs revenus nationaux est versée sous forme d'intérêts aux États riches. L'ouvrage de nos deux collègues doit être considéré comme une contribution à l'éducation à la paix dans la mesure où il invite les États à distribuer et à redistribuer les richesses afin de combattre les inégalités entre les humains (la distribution et la redistribution des richesses font partie des objectifs de l'éducation à la paix).

[1] Cf. *Richesse et pauvreté. Dialogue entre un Caribéen et une Européenne*, Obrillant Damus, Lucie Hubert, Les Impliqués, 2014.

Il faut rappeler ici que les méthodes de recrutement des djihadistes exploitent la frustration, la colère et le désespoir des victimes d'inégalités criantes. La répartition équitable des richesses du monde contribuera non seulement à la diminution des inégalités, mais encore à la prévention du terrorisme (« l'hydre de Lerne, dont les têtes repoussent dès qu'on les a coupées »), de l'insécurité nationale (terrorisme intérieur) et internationale. Elle conditionnera, dans une large mesure, la paix nationale et internationale.

Les États riches égalitaires et inégalitaires pourraient-ils inciter leurs populations à vivre par soustraction afin de réduire les écarts qui existent entre eux et les États pauvres ? S'ils se laissent animer par les sentiments d'un destin commun, de fraternité universelle, s'ils remettent en question leurs intérêts personnels, ainsi que des valeurs comme la rentabilité et la productivité aveugles, alors ils pourront contribuer à l'affaiblissement des inégalités de toutes espèces tant à l'échelle nationale que mondiale. Comme le souhaitent Langouët et Groux, le capitalisme cruel doit céder sa place au capitalisme solidaire (« la seule façon de créer de la prospérité partagée et durable »); l'esprit de compétition entre les États doit être contenu ou remplacé par l'esprit d'émulation.

À l'ère damocléenne (terme utilisé par Edgar Morin pour qualifier le 21ème siècle), où le terrorisme et la perspective d'une guerre nucléaire mondiale sont comme une épée de Damoclès qui plane sur la tête de l'Humanité, l'ouvrage « Réveillons-nous ! Pour un monde plus juste » constitue une contribution majeure à l'éducation à l'altérité et à la citoyenneté mondiale puisqu'il nous incite à combattre nos pratiques égoïstes et à réduire la distance entre eux et nous (à privilégier l'unité et la solidarité humaines), en harmonisant nos intérêts avec ceux des autres, en accordant plus de sens au vivre ensemble et au vivre relié (universalisme relationnel) au détriment du vivre pour soi.

Obrillant Damus,
Port-au-Prince, le 7 mars 2018.

AVANT-PROPOS
Notre planète et ses habitants sont en réel danger

« Quand les riches se font la guerre, ce sont les pauvres qui meurent »
Le Diable et le Bon Dieu, Jean-Paul Sartre

Nous sommes plus de sept milliards d'êtres humains et serons près de dix milliards dans moins de trois décennies. Mais la planète Terre est en grand danger, comme l'attestent, de façon permanente, les plus éminents spécialistes du domaine. Aujourd'hui, il n'est plus à démontrer, et bien difficile de nier, que le réchauffement climatique ou le développement de la couche d'ozone engendreront des bouleversements sans précédent, et sans doute d'autant plus difficiles à maîtriser que les décisions se font attendre.

Or, ces dérèglements, notamment climatiques, sont, au moins pour l'essentiel, la conséquence directe d'activités humaines aussi insensées que lucratives, de l'exploitation des sous-sols terrestres ou marins à la déforestation massive, entraînant l'accroissement continu des catastrophes dites naturelles, des tsunamis aux tremblements de terre, aussi vite oubliées les unes que les autres après avoir, durant quelques jours, attiré l'attention des médias. Et ces catastrophes, plus fréquentes et violentes, frappent de surcroît les populations les plus démunies parce qu'elles sont toujours les plus exposées, tant dans des pays très riches (Fukushima au Japon) ou moins riches (le Chili et son important tremblement de terre), et plus durement encore dans les pays plus pauvres, où elles multiplient plus encore une misère déjà insupportable, y ajoutant malnutrition et maladies, voire situations de famine (Haïti et sa récente succession de catastrophes). Des solutions existent, pour se prémunir face à de tels fléaux, mais aussi protéger les populations qui y sont les plus exposées ; mais c'est sans doute au niveau mondial qu'elles devraient être proposées, en concertation avec les peuples et les États, afin de favoriser le développement durable, qui suppose des avancées quant à l'utilisation d'énergies renouvelables. Et c'est sans aucun doute à nos yeux, sauf à risquer de perdre notre planète, un premier objectif urgent et totalement prioritaire.

Mais cela ne saurait faire oublier les catastrophes entièrement liées à la folie de la part des humains prêts à tout dans le but de provoquer des conflits sans fin sur l'ensemble de la planète, qui conduisent souvent à des guerres meurtrières et à des situations d'extrême pauvreté, en arguant souvent d'arguments fallacieux, les liant aisément à un passé culturel ou ethnique, voire religieux, alors que les objectifs réels sont essentiellement mercantiles et de prise ou d'extension des pouvoirs politiques sur les régions et leurs peuples. Ainsi s'entretiennent ou s'ouvrent de nouveaux terrains de combats, dont les premiers bénéficiaires sont les puissants marchands d'armes, et les premières victimes les populations et leurs jeunes les plus fragiles, par exemple en Afrique (hier, le Rwanda et un insupportable génocide, aujourd'hui le Mali et sa région) ou en Asie (l'interminable guerre d'Afghanistan ou la lutte pour un État palestinien et, plus près de nous, la Syrie ou le Yémen puis Daech), mais aussi dans certaines parties de l'Europe (le douloureux partage de l'ex-Yougoslavie et, à nouveau, la reprise de l'expansionnisme de la Russie). Il faut mettre fin à ces pratiques d'un autre âge, et ce sera sans doute le second enjeu majeur de ce siècle, en totale complémentarité avec le premier.

Et il faut aussi donner un coup d'arrêt aux dérives insensées que le monde connaît actuellement, d'où qu'elles viennent. Certes, il est des causes plus justes que d'autres, qui sont néanmoins trop oubliées, et des peuples opprimés depuis si longtemps que leurs justes colères doivent être comprises, et pleinement reconnues. Mais rien – Nelson Mandela, après beaucoup d'autres, nous l'a récemment montré – ne peut justifier la violence aveugle et le recours aux fanatismes, quels qu'ils soient car tous les fanatismes se valent... et ne valent rien. Rien ne justifie les lâches attentats contre les occupants des tours de Manhattan, ni les assassinats de Charlie Hebdo puis du Bataclan et des lieux avoisinants, ou ceux du Musée du Bardo, puis de Bruxelles, Nice, Barcelone, Ouagadougou et, tout dernièrement, Carcassonne..., pas plus que le génocide du Rwanda, les ripostes totalement disproportionnées contre les civils de Gaza ou les lâches décapitations des coptes par Daech, et pas davantage, plus récemment et qui perdurent, les noyades de milliers de migrants en Méditerranée ou les freins liés à l'accueil de cinq millions de réfugiés syriens... Les importantes mobilisations de Paris et de Tunis par exemple, mais aussi bien d'autres, ont montré la force du lien social, entre toutes les couches de la société, dans le respect de l'altérité et à travers toutes les croyances et les non croyances, et la nécessité de le maintenir et le développer, notamment grâce à l'élévation du niveau culturel de l'ensemble des populations ; mais aussi les faiblesses, ou plutôt l'extrême lâcheté, de ceux qui visent à détruire cet indispensable lien, et n'hésitent pas à exacerber les fanatismes et les radicalisations, notamment chez les jeunes les plus fragiles, au bénéfice de leurs sinistres intérêts. Certes, il faut lutter contre de tels agissements et s'en protéger, mais aussi, et sans relâche, apporter une aide au développement des États les plus démunis, et favoriser l'éducation de leurs populations.

Entre la fin du 20e siècle et aujourd'hui, la mondialisation, en liaison avec l'évolution des moyens technologiques de communication – Internet notamment –, a connu un développement sans précédent. Sans doute avec des effets profondément différents selon ce qu'on observe et d'où on l'observe : du plus positif au plus négatif, car, comme tout phénomène social, elle est bien évidemment complexe.

D'abord, elle a été un puissant accélérateur de la transmission de connaissances des faits sociaux au niveau planétaire : des événements de Tienanmen aux révolutions arabes par exemple ; et elle a même, très probablement, contribué à la fin des dictatures dans plusieurs États arabes et de *l'apartheid* en Afrique du Sud. Mais l'effet a été beaucoup plus mitigé en ce qui concerne les réorganisations du marché du travail : même si l'objectif du grand patronat était surtout d'utiliser une main d'œuvre moins coûteuse, il a certes, ainsi, contribué au développement de nombreux pays moins riches, et notamment des émergents, mais aussi à la montée du chômage, devenu la principale variable d'ajustement, dans les pays dits développés, abaissant ainsi le niveau de vie de ces populations, d'abord des plus pauvres, mais aussi, des couches moyennes. Enfin, et surtout, cette mondialisation, conduite pour l'essentiel sous la seule responsabilité des banques et des multinationales, dont les dirigeants continuent, malgré la longue crise débutée en 2008, d'asséner qu'il suffirait d'accroître la production de richesses pour que chacun en bénéficie dans des proportions semblables[2]. Mais la réalité établit le contraire :

[2] Cette conviction est tenace, notamment chez certains économistes, qui persistent aussi à dire que l'augmentation du produit intérieur brut (PIB) est nécessairement

aujourd'hui, les bénéfices des multinationales et des banques ont largement repris leur course infernale, de même que les cours de la bourse ou les salaires et primes des grands dirigeants et traders, tandis que, dans de nombreux pays, les revenus des personnes modestes, voire des catégories moyennes, stagnent ou régressent. Parce que les régulations que devraient imposer les États ou les groupes d'États (l'Union européenne par exemple), et les forces sociales qu'ils représentent (politiques ou syndicales notamment) sont encore totalement insuffisantes. Nous sommes encore très loin de l'image de la planète qu'imaginait voilà une trentaine d'années maintenant l'éminent chercheur canadien spécialiste du domaine de la communication Marshall Mc Luhan[3], grand humaniste et brillant visionnaire de surcroît : celle d'un immense « village global », qui regrouperait enfin tous les habitants d'une belle planète retrouvée ; ce serait pourtant un meilleur chemin, à condition de se décider à l'emprunter[4].

facteur de croissance économique. Tout dépend du PIB et tous les PIB ne se valent pas. Certains proposent un PIB vert ; selon nous, ils ont raison.

[3] Marshall Mc Luhan, *The Gutenberg Galaxy : The Making of Typographic Man*, University of Toronto Press, 1962.

[4] Car tout retard risque de devenir irréversible pour la planète elle-même.

INTRODUCTION

« Indignez-vous ! » mais prenons ensemble « le chemin de l'espérance »

Les causes des maux que subissent ensemble la planète et ses habitants ne sont méconnues que de ceux qui ne veulent pas les connaître, ou préfèrent les nier. En quelques mots, trop d'inégalités et des inégalités trop accentuées, entre les États et, à l'intérieur des États, entre les diverses catégories sociales qui composent leurs populations et entre les hommes et les femmes : et des inégalités qui se cumulent et se multiplient souvent plus qu'elles ne s'additionnent. Nous pensons avoir contribué, avec d'autres[5], à le démontrer de façon assez incontestable[6]. D'une part, à revenus équivalents, certains États font mieux ou nettement mieux que d'autres, notamment quant à la santé ou l'éducation de leurs populations, parce qu'ils favorisent des distributions ou redistributions de richesses moins inégalitaires. D'autre part, avec des revenus moindres, mais des répartitions plus égalitaires, certains États rejoignent, voire dépassent, dans ces mêmes domaines, des États plus inégalitaires ; et, du même coup, augmentant leur potentiel d'éducation ou de santé, ils sont en capacité d'accroître leur potentiel économique et leurs revenus, illustrant bien la théorie de la complexité que développe Edgar Morin. Pour une raison simple : les injustices, au fur et à mesure qu'elles s'accroissent, éliminent de fait une partie plus importante des humains de la société elle-même, parce qu'ils n'ont plus accès aux besoins les plus élémentaires : se nourrir, se loger, se soigner ou s'instruire.

---

[5] Notamment des sociologues. Par exemple, en France, à l'Observatoire des inégalités (www.inegalites.fr/) ou, au niveau international, à l'OCDE et au PNUD. Mais aussi, et de plus en plus, des économistes qui mettent en évidence les effets néfastes de leur accroissement, non seulement pour les pauvres, mais pour l'ensemble du corps social : par exemple, Anthony Atkinson aux États-Unis, et plus récemment en France, Thomas Piketty.

[6] Gabriel Langouët, *Les inégalités entre États et populations de la planète. Trop, c'est trop!*, préface de Roger Establet, L'Harmattan, Collection Éducation comparée, 2011. Gabriel Langouët, *Les inégalités dans l'Union Européenne et ailleurs. Et si on osait ?* L'Harmattan, Collection Éducation Comparée, 2014.

Quelques exemples simples le montrent bien. L'ensemble des 1 % d'humains les plus riches – 70 millions, plus que la population de la France - détient aujourd'hui la moitié du patrimoine mondial, ce qui, en moyenne, représente 2,7 millions de dollars pour chacun d'eux ; et cette barre symbolique est sans doute déjà dépassée[7]. 99 % se partagent donc un patrimoine équivalent : 99 fois moins, en moyenne, pour chacun d'entre eux, et on imagine l'étalement, qui tend vers 0 à vitesse vertigineuse. D'une certaine façon, la comparaison, à partir des mêmes données[8], est peut-être encore plus parlante si on l'exprime ainsi : aujourd'hui, les 20 % les plus riches (ils sont 1,4 milliard) regroupent 94,5 % du patrimoine planétaire, tandis qu'il ne reste plus que 5,5 % de ce patrimoine pour les 80 % d'habitants restants, soit 3 851 dollars en moyenne par adulte, 700 fois moins que les adultes du groupe des 1 % les plus riches. Enfin, un rapport antérieur de l'Oxfam, présenté à Davos en 2014, montrait que les 85 plus grandes fortunes mondiales possédaient à elles seules autant que les 50 % les moins riches (3,5 milliards d'humains). C'est certes indécent et immoral, notamment lorsque ces détenteurs de richesses sont, de plus, d'habiles utilisateurs de l'évasion fiscale ; mais, de surcroît, des organismes nationaux comme le FMI reconnaissent que c'est un facteur profondément défavorable à la croissance économique qu'ils encouragent par ailleurs, alors que la planète compte environ 15 % (un milliard) de sa population vivant en deçà du seuil de grande pauvreté, 1,25$ par jour. Un énorme et inqualifiable gâchis.

Les inégalités de revenus - le revenu ne se limite bien évidemment pas au salaire, mais intègre aussi les primes diverses, des plus modestes aux plus scandaleuses (certaines retraites-chapeaux par exemple), mais aussi les revenus financiers du patrimoine, qui sont parfois habilement dissimulés -, connaissent aussi des fluctuations totalement démesurées, tant entre les États qu'à l'intérieur des États.

---

[7] Rapport 2015 établi par l'Oxfam, confédération de 17 associations indépendantes et sans but lucratif travaillant sous le contrôle de l'Université d'Oxford. Intitulé « Insatiable richesse : toujours plus pour ceux qui ont déjà tout ». L'accroissement est assez constant depuis des années : nous n'étions qu'à 44% en 2009, mais à 48% en 2014.

[8] Ces données peuvent être librement consultées sur le site de Crédit Suisse : <https://www.credit-suisse.com/uk/en/news-and-expertise/research/creditsuisse-research-institute/publications.html>.

- Concernant les différences entre États, le revenu brut par habitant (RNB/h) est un très bon indicateur, qui situe la position moyenne des revenus de leurs habitants : par exemple et pour situer les extrêmes, en 2013, le Qatar disposait, en moyenne, de revenus voisins de 119 000$[9] tandis qu'en République démocratique du Congo, ce revenu ne s'élevait qu'à 444$ par habitant, soit 268 fois moins. Le Pérou, État *médian*, disposait d'un peu moins de 11 300$/h : environ 50 % des habitants des États qui le précèdent sont plus riches et les 50 % qui le suivent sont plus pauvres. La moitié de la population du globe vit donc dans des États au moins 10 fois moins riches que le Qatar : c'est un écart énorme.
- Concernant les écarts observés à l'intérieur des États, un indicateur simple est fourni par le rapport entre les revenus des 10% les plus riches et ceux des 10% les plus pauvres. En 2013, en Suède, État parmi les plus égalitaires et aux revenus bruts par habitant élevés – 43 000$ -, les 10% les plus riches ont disposé de revenus environ cinq fois plus élevés que les 10% les plus pauvres: une pauvreté en quelque sorte tolérable. Mais, la même année, les Comoriens, dont les revenus moyens n'étaient que de 1 500$, connaissaient des écarts voisins de 50 : pour les plus pauvres, une situation totalement insupportable.

Certes, en termes de revenus et de salaires, l'uniformisme ou l'égalitarisme ne sauraient avoir sens. Mais les inégalités doivent aussi connaître des limites, communes aux femmes et aux hommes, en lien avec des investissements réels et des compétences professionnelles évaluables. Donc en fonction de règles communes et de « plafonds » reconnus par le corps social. Alors s'ouvrirait une nouvelle ère de justice, marquée par le recul conjugué des inégalités excessives et de la pauvreté.

C'est l'orientation des travaux conduits depuis une trentaine d'années par le PNUD (Programme des Nations-Unies pour le Développement) qui, notamment accompagné par Amartya Sen, brillant chercheur en Économie et Prix Nobel en 1998, a théorisé et développé le concept de développement humain. Pour lui, ce développement, qui constitue l'objectif final et concerne tous les humains, est certes facilité par la croissance économique et

[9] Ces revenus, pour être comparables, sont calculés en dollars américains dits PPA (parité de pouvoir d'achat).

l'élévation des revenus, mais surtout lorsque celle-ci est résolument utilisée en vue de l'amélioration de la santé et de l'accès au savoir de l'ensemble des populations concernées ; en bref, l'amélioration de leur bien-être est la résultante d'une meilleure harmonie entre ces trois dimensions – économie, santé et éducation[10]– qui ne sont en définitive que des moyens et des objets au service d'une cause profondément humaniste, et constituent les trois éléments de l'indice de développement humain (IDH) que le PNUD publie pour la quasi-totalité des États de la planète, et a constamment amélioré et peaufiné. Le PNUD a aussi, plus récemment, élaboré un précieux indice d'inégalité de genre (IIG), puis fait le lien avec l'IDH, permettant donc d'établir, pour chaque pays, l'indice de développement humain selon le sexe. Tant en ce qui concerne le concept majeur qu'il retient, et que nous partageons, que les outils et les données qu'il propose, et même si nous utiliserons aussi d'autres données, le PNUD, comme il l'a déjà été pour l'élaboration de nos deux ouvrages cités, sera l'un des accompagnateurs forts de notre démarche.

Nous voudrions, pour les générations futures, une société plus juste car elle est la condition de la survie de la planète et de ses habitants. Utopie ? Sans doute, mais aussi et surtout, impérieuse et urgente nécessité ; et si nous ne le faisions pas, nos descendances seraient en droit de nous le reprocher. Nous voudrions faire reculer la pauvreté, car, véritable ferment de l'enrichissement abusif et absurde des minorités, elle progresse jusque dans les pays dits développés, sans régresser pour autant dans les pays les plus pauvres. Nous voudrions mettre fin aux conflits et aux famines et avancer dans la direction d'un monde du partage qui, certes limité, existe déjà, parfois depuis longtemps dans certains pays et nous le montrerons. Nous voulons affirmer notre volonté d'accroître le développement humain de tous, hommes ou femmes, riches ou pauvres, et encourager le plus grand nombre dans cette direction. Nous voulons contribuer à ce que le bien-être de tous devienne la préoccupation majeure, avant la croissance incontrôlée du produit

---

[10] Le PNUD met à disposition, en téléchargement, tous les rapports qu'il produit et les données statistiques qu'il utilise. Son site est une source quasi inépuisable : <http://www.undp.org/content/undp/fr/home.html>.

intérieur brut et c'est pour cela que nous avons voulu publier cet ouvrage.
Mais cet ouvrage, *nous le voulons aussi comme un manifeste*, s'inscrivant dans le prolongement du célèbre « Indignez-vous ! » de Stéphane Hessel, parce que nous ne pouvons plus accepter l'inacceptable. Il s'agit pour nous de dire au plus grand nombre de ceux qui voudraient nous entendre : « Réveillons-nous ! Il n'est plus possible de continuer ainsi. Notre monde est devenu fou et va à sa perte. Nous ne pouvons plus vivre au milieu de ces injustices et accepter plus longtemps cette misère ». Par exemple et pour ne reprendre que les faits les plus récents, car la liste serait sans fin, l'histoire dramatique de ces naufragés de la Méditerranée qui fuient des conditions abominables d'existence. Et lorsqu'ils ont réussi, par miracle, à aborder sur nos côtes, que leur proposons-nous ? Sans compter tous les autres, ceux qui sont dans l'impossibilité matérielle de partir et meurent chez eux, faute de médicaments, de vaccins, de nourriture et de soins tout simplement. Et ceux qui ne peuvent pas prétendre à l'éducation, parce qu'ils doivent tout simplement survivre, que pouvons-nous faire pour eux ? Est-ce qu'un monde qui propose la moitié de ses ressources à 1 % de sa population, soit 70 millions de personnes et qui laisse se partager l'autre moitié aux 99 % restants, est un monde acceptable ? Et cette seconde partie du patrimoine, est-elle distribuée équitablement ? Non, nous le savons bien. Il faut donc envisager une distribution mondiale des richesses moins injuste et imaginer d'autres façons d'agir que celles qui, inexorablement, nous ont conduits à l'échec. C'est « le chemin de l'espérance »[11] qu'il faut emprunter.

Voilà pourquoi nous disons notre refus d'être plus longtemps complices de ces situations intolérables. L'un de nous est sociologue et a déjà écrit sur les inégalités en Europe et dans le monde, l'autre est comparatiste en éducation et se rend souvent dans des pays « oubliés des dieux ». Nous avons en commun de souhaiter le progrès de tous, qui passe par la progression des savoirs et de l'accès aux savoirs. Et nous ne saurions admettre que cette progression soit empêchée par des infimes minorités

---

[11] Stéphane Hessel, *Indignez-vous !*, Indigène éditions, 2010 ; Stéphane Hessel, Edgar Morin, *Le chemin de l'espérance,* Fayard, 2011.

totalement insatiables. Alors nous avons décidé de faire entendre nos voix, à la façon des « Sauvages » de Montaigne.

Parce que nous sommes convaincus par les travaux dont nous avons eu connaissance, ou par ceux que nous avons menés, parce que nous avons ainsi rencontré les situations d'inégalités les plus diverses, des plus raisonnables ou acceptables aux plus insensées et destructrices, nous souhaiterions à notre tour convaincre, et convaincre le plus grand nombre, des simples citoyens aux décideurs, qu'il est urgent d'agir pour les limiter et permettre un meilleur développement de l'ensemble des humains. Afin de rendre notre propos aussi simple et accessible que possible, il fallait, au plus, limiter le nombre d'États à la vingtaine, en construisant un échantillon raisonné de l'ensemble des États de la planète (environ 200). Il sera présenté et justifié au début de la première partie consacrée à un état des lieux des inégalités.

Nous nous efforcerons de répondre successivement à trois questions principales : dans quel monde vivons-nous ? Dans quel monde aimerions-nous vivre ? Que faire pour y parvenir ? La première partie nous conduira à la mise en évidence des inégalités et des variations des inégalités, d'abord entre ces États (chapitre 1), puis à l'intérieur des États (chapitre 2), permettant d'en établir un bilan intermédiaire. La seconde partie s'attachera, après avoir proposé un bref panorama de ces États, notamment selon le bien-être ressenti par leurs populations et le niveau de démocratie qui les caractérise (chapitre 3), puis à faire un certain nombre de propositions en s'appuyant sur trois cas porteurs d'espoir (chapitre 4). Enfin, la conclusion tentera d'ouvrir un chemin vers une société apaisée et plus juste.

1ère PARTIE

ETAT DES LIEUX DES INEGALITES

Vingt États pour mieux évaluer les inégalités

Afin d'en montrer l'impressionnante ampleur, mais aussi la nocivité, dans tous les domaines et plus particulièrement dans des domaines essentiels tels les revenus, la santé et l'éducation, il nous fallait accepter de réduire assez considérablement le nombre des États retenus : une vingtaine, représentant cependant la diversité rencontrée parmi l'ensemble des 187 États de la planète suivis par le PNUD en 2013[12]. Or, eu égard à la multiplicité des sources d'inégalités, chaque État est un cas, et deux États ne sont jamais identiques, mais souvent proches sur certains critères et différents sur d'autres : par exemple, ils ont des revenus équivalents, mais des réussites différentes dans les domaines de la santé ou de l'éducation, ou des réussites équivalentes malgré des revenus différents ; par exemple, ils observent, dans tel ou tel domaine, des réussites comparables, mais ces réussites varient profondément selon qu'elles concernent des hommes ou des femmes... Il s'agissait donc pour nous, au plus, d'identifier une vingtaine de cas très significatifs et particulièrement éclairants, aussi variés et contrastés que possible, illustrant cette diversité et cette complexité, mais dont l'ensemble approche néanmoins une assez bonne représentativité de la population planétaire, notamment à partir des revenus nationaux des habitants et de leur répartition géographique sur la totalité du globe ; mais il s'agissait, en conséquence, d'accepter que n'y figurent pas les autres[13]. En fait, si notre échantillon de 20 États est représentatif, il l'est des situations égalitaires ou inégalitaires rencontrées.

L'Union européenne zone Euro y est notamment représentée par l'Allemagne *extrêmement riche*[14] et la France *très riche*, dont les

---

[12] Au moment où nous avons entamé cette étude, 2013 était l'année la plus récente pour laquelle l'ensemble des données était disponible (à de très rares exceptions près) : et de surcroît l'année marquant la fin de la forte période de crise traversée à partir de 2008. Actuellement disponibles, les données 2014 et 2015 les confirment très largement, marquant une tendance à l'accroissement des écarts entre États ou populations riches et pauvres, toujours au détriment de la planète elle-même.

[13] Le lecteur intéressé par un État qui n'y figure pas peut cependant retrouver les données qui lui correspondent sur le site du PNUD. Et, par exemple, identifier l'État de notre échantillon dont il se rapproche le plus.

[14] Les qualificatifs figurant en italique seront repris et explicités plus loin.

médias soulignent sans cesse les différences, alors qu'à l'échelle planétaire, ils étaient bien souvent proches ou complémentaires ; mais aussi par la Slovénie, État *très riche* qui vient, en 2013, d'être classé au premier rang mondial en ce qui concerne l'égalité entre les hommes et les femmes. Au total, trois États.

Pour l'Union européenne hors zone Euro, deux États ont été retenus, qui aspirent vivement à l'entrée dans cette zone : la République tchèque *très riche* qui, en 2013 et à égalité avec la Norvège, a enregistré les pertes de développement humain les plus faibles (moins de 6 %), et la Roumanie, État ayant longtemps été le moins riche de l'UE mais venant, en 2013, de dépasser la Bulgarie et rejoindre le 9e décile.

Le reste de l'Europe y est représenté par trois États : la Norvège, *extrêmement riche* et *très égalitaire* dans tous les domaines, à l'image d'autres États de l'Europe du Nord comme la Suède ou la Finlande et d'autres, mais, de surcroît, très soucieuse de son indépendance ; la Russie, État *très riche* et figurant parmi les cinq grands pays émergents (BRICS), *inégalitaire* en bien des domaines, mais aussi soucieux de rassembler à nouveau, sous son égide, plusieurs États de la région ; enfin l'Islande, *très riche* et *égalitaire* qui, certes géographiquement plus proche du continent américain, demande néanmoins, notamment pour des raisons culturelles, son rattachement à l'Union européenne.

Pour l'immense continent africain, qui rassemble une part importante de la pauvreté de la planète (parmi les 28 États regroupant les 10 % de populations les plus pauvres, seuls quatre ne sont pas en Afrique), trois États assez contrastés ont été retenus : d'une part l'Afrique du Sud, enfin sortie de l'apartheid grâce à son peuple et à l'action de Nelson Mandela, État *riche* et première puissance économique africaine, classé parmi les grands émergents (BRICS), conservant cependant encore les lourdes séquelles inégalitaires liées à l'apartheid, notamment dans le domaine de la santé ; d'autre part l'île Maurice, État *riche* obtenant des résultats encourageants dans la plupart des domaines, où semblent se côtoyer harmonieusement et pacifiquement, des ethnies et cultures nombreuses et différentes ; enfin le Mali, *extrêmement pauvre*, dont la majorité de la population vit des situations d'analphabétisation indécentes et des inégalités hommes-femmes insoutenables, auxquelles viennent de s'ajouter des interventions militaires, internationales puis locales, dont les populations civiles sont toujours les premières victimes.

L'Asie, qui compte environ 60 % des habitants de la planète (4,3 milliards), est représentée par cinq États très dissemblables : le Qatar, *extrêmement riche*, classé n°1 mondial quant au revenu brut par habitant en 2013, un minuscule désert posé sur d'imposantes réserves énergétiques et, d'une certaine façon, la caricature quasi parfaite des inégalités les plus insoutenables ; la Corée du Sud, *très riche*, qui progresse à grands pas dans tous les domaines et notamment en éducation (classement PISA) où elle surpasse le Japon ; deux autres grands émergents du BRICS, la Chine, immense État *médian* en constant développement et l'Inde, à peine moins immense mais plus pauvre, qui regroupent à eux deux plus du tiers des habitants de la planète, dont une part importante connaît encore des situations de grande pauvreté et de fortes inégalités ; enfin, le Bhoutan, proche de l'Inde et un peu moins pauvre, petite monarchie constitutionnelle prônant notamment la gratuité généralisée de l'accès à l'éducation et aux soins médicaux.

Les quatre autres États appartiennent au « Nouveau Monde » : le Canada *extrêmement riche*, qui a été préféré aux États-Unis car les inégalités y sont moins fortes, et souvent proches de celles qu'on observe en Europe du Nord, mais aussi parce que les problèmes de l'immigration, et de l'insertion sociale des migrants, semblent y avoir été traités avec plus de succès ; le Brésil, État *riche* et grand émergent (BRICS), qui reste *inégalitaire*, malgré les progrès réalisés pour faire reculer la pauvreté, notamment depuis l'élection du président Lula ; enfin, marquant de fortes différences dans la quasi totalité des domaines, et démonstratifs à eux seuls s'il en était besoin, d'une part Cuba, dont les progrès sont considérables, à l'exception des inégalités hommes-femmes, et qui vient même de rehausser son revenu brut par habitant, d'autre part Haïti, écrasé par les catastrophes traversées et les immenses inégalités subies par son peuple, dont le revenu brut par habitant s'est totalement effondré.

CHAPITRE 1

Entre les États, des inégalités trop souvent excessives, et parfois totalement intolérables.

Le revenu national brut par habitant (RNB/h)

La dispersion des revenus selon les divers États est très forte : en 2013, au niveau planétaire et en arrondis[15], d'un peu plus de 400$ - à peine plus d'un dollar par jour - en République démocratique du Congo à 119 000$ au Qatar, soit un rapport de 1 à 270 ; sur notre échantillon, entre le Mali (1 500$) et le Qatar, même s'il s'abaisse significativement, il reste très élevé et de l'ordre de 1 à 80 : le premier est dans l'incapacité d'assurer la survie décente de sa population, pendant que le second peut confortablement investir dans les secteurs d'activités lui paraissant les plus lucratifs. Et ces inégalités globales ne peuvent qu'être amplifiées si on y ajoute les inégalités à l'intérieur des États, que nous examinerons plus loin. De surcroît, dans le cas du Qatar, et même si ce n'est pas un cas si isolé que cela, cette richesse totalement insolente ne doit rien, ou bien peu, au développement réel des activités humaines : juste un trésor déposé sous un désert ou au fond d'un puits, bien dissimulé, il faut le rappeler, depuis l'ère secondaire, puis la dernière crise économique, et l'envol artificiel mais provoqué des cours mondiaux de l'ensemble des produits pétroliers ; et, en quelques années, le Qatar qui, en 2008, était encore assez nettement devancé par la Norvège classée au rang 1, est propulsé au premier rang mondial avec une avance considérable sur tous les autres (le second, le Liechtenstein, n'est qu'à 87 000$).

Parmi les 20 États retenus (Tableau 1, page suivante) :

- Quatre sont *extrêmement riches* (10e décile). Après le Qatar, la Norvège (6e rang mondial - 64 000$), avec des revenus diminués de presque moitié, puis, très proches mais avec des revenus divisés par presque trois l'Allemagne (14e – 43 000$) et le Canada (19e – 42 000$). Ils regroupent au total 125 millions

[15] Les revenus supérieurs à 10 000$ ont été arrondis au millier, les autres à la centaine.

d'habitants (sur les 720 millions de ce décile). Nous considérerons que leurs revenus sont *très élevés.*

- Huit sont *très riches* (9e décile). Les revenus y évoluent du simple (Roumanie – 62e rang mondial – 17 000$) à plus du double (France – 25e – 37 000$). L'Islande (26e – 35 000$) côtoie la France et devance la Corée du Sud (33e – 30 000$). La Slovénie (36e – 27 000$), la République tchèque (42e – 25 000$) et la Russie (46e – 23 000$) se succèdent avec des écarts réguliers et proches, tandis que Cuba (56e – 20 000$) s'intercale avec un écart un peu plus important entre la Russie et la Roumanie. La population qu'ils rassemblent dépasse 300 millions (un peu plus de 40 % du décile). Par rapport aux précédents, nous dirons leurs revenus *élevés.*

	RNB/h[1]			**Population**		
	Dollars US	Rang	Décile	Millions	Cumul	% urbains[2]
Qatar	119 029	1	10	2,2	-	99,1
Norvège	63 909	6	10	5,0	7,2	79,9
Allemagne	43 049	14	10	82,7	89,9	74,2
Canada	41 887	19	10	35,2	125,1	80,9
France	36 629	25	9	64,3	189,4	86,9
Islande	35 116	26	9	0,3	189,7	93,9
Corée du Sud	30 345	33	9	49,3	239,0	83,8
Slovénie	26 809	36	9	2,1	241,1	49,8
Rép. tchèque	24 535	42	9	10,7	251,8	73,4
Russie	22 617	46	9	142,8	394,6	74,2
Cuba	19 844	56	9	11,3	405,9	75,1
Roumanie	17 433	62	9	21,7	427,6	52,8
Maurice	16 777	66	8	1,2	428,8	41,8
Brésil	14 275	76	8	200,4	629,2	85,2
Afrique du Sud	11 788	84	8	52,8	682,0	62,9
Chine	11 477	88	7 – 6	1 385,6	2 067,6	53,2
Bhoutan	6 775	118	5	0,8	2 068,4	37,1
Inde	5 150	130	4 - 3	1 252,1	3 320,5	32,0
Haïti	1 636	165	1	10,3	3 330,8	56,1
Mali	1 499	171	1	15,3	3 346,1	45,3
Monde - 187 États[3]	**13 723**	-		**7 242,5**	-	**53,0**

[1] Revenu national brut par habitant, 2013. A gauche, US$ PPA, valeur 2011 ; à droite, rang mondial. [2] Pourcentage de population vivant dans les zones dites urbaines (critères de l'État considéré). [3] RNB/h le plus bas (rang 187) : République démocratique du Congo – 444 US$ PPA

Tableau 1. Revenus et populations des 20 États

- Trois sont *riches* (8e décile) et se répartissent dans un intervalle plus resserré : de 17 000$ (Maurice - 66e[16]) à 12 000$ (Afrique du Sud – 84e), en passant par 14 000$ (Brésil – 76e). Ils regroupent plus de 250 millions d'habitants (sur les 720 millions de ce décile), dont 200 millions pour le seul Brésil. Par rapport à l'État *médian*[17] (l'Égypte : un peu plus de 10 000$), ces États ont encore un revenu élevé mais, pour le nuancer par rapport à ceux du 9e décile, nous le qualifierons de *moins élevé.*
- Trois appartiennent totalement ou partiellement au groupe des États *médians* composé des déciles 4 à 7. D'une part, la Chine (88e rang – 11 000$), qui couvre presque, à elle seule, les deux déciles les mieux dotés parmi ces *médians* (7e et 6e déciles), et le Bhoutan, petit État du 5e décile (118e – 6 800$), dont les revenus encadrent ceux de l'Égypte : nous les dirons respectivement *médian haut* et *médian bas*. D'autre part, l'Inde (130e – 5 100$) dont la population se répartit assez inégalement entre le 4e et le 3e décile ; nous dirons donc que ses revenus, bien qu'ils aient progressé, restent encore *bas,* notamment par rapport aux deux autres États. Au total, et parce qu'y figurent les deux plus grands États de la planète, ils regroupent plus de 2,6 milliards d'habitants (plus du tiers de la population totale).
- Haïti (165e) et le Mali (171e) sont deux États *extrêmement pauvres* (1er décile), dont les revenus par habitant sont quasi équivalents et *très bas* (dans l'ordre, 1 600 et 1 500$), si faibles qu'ils ne peuvent qu'engendrer les situations les plus précaires pour la plus grande part de leurs populations (près de 26 millions à eux deux). Le taux d'urbanisation est plus élevé en Haïti (56 %) qu'au Mali (45 %).

Autant de situations fortement contrastées que nous mettrons en relation avec les principaux indicateurs de santé puis d'éducation.

---

[16] En arrondis, Maurice et la Roumanie paraissent disposer du même RNB/h : 17000€. En réalité, Maurice dispose d'un peu moins de 17000€ et la Roumanie d'un peu plus, ce qui les classe à des rangs différents et, de surcroît dans deux déciles différents. Ils disposent néanmoins de moyens très proches.

[17] État partageant la planète en deux parts sensiblement égales et très voisines de 50 %, celle des États dont les habitants sont les plus riches et celle des États dont les habitants sont les plus pauvres : c'est souvent un meilleur indicateur que la moyenne.

Les indicateurs de santé (Tableau 2, page suivante).

Le principal indicateur de santé, celui que le PNUD fait intervenir dans le calcul de l'indice de développement humain, est l'espérance de vie à la naissance : c'est celui sur lequel nous établirons principalement notre commentaire. Certes, c'est un pronostic, mais un pronostic fiable, qui prend appui sur des observations antérieures valides ; et il faut des événements majeurs et durables, par exemple de grandes famines ou des guerres très meurtrières, pour qu'il soit contredit. Néanmoins, les indicateurs complémentaires peuvent aider à sa compréhension, notamment lorsqu'il n'y a pas forte concordance avec les revenus : par exemple, une faible espérance de vie s'accompagne-t-elle ou non d'une forte mortalité infantile, de faibles taux de vaccinations, de mortalités plus fréquentes chez les 15-60 ans, voire d'investissements insuffisants en termes de dépenses publiques de santé.

En 2013, au niveau mondial, l'espérance moyenne de vie à la naissance approchait 71 ans. Estimée pour les 20 États, elle était maximale en Islande (82,1 ans) et minimale au Mali (55 ans), ce qui représente un écart considérable : en arrondi, 27 ans, presque le tiers. Proposons-en une classification en cinq catégories d'étendues assez proches et dont la catégorie moyenne soit centrée sur l'espérance mondiale moyenne.

	EV[1] 2013	EV/S[2]		Vaccinations[3]		MI av. 5 ans[4]	MA 15-60[5]		Dép. Santé[6]
		F	H	DCT	R		F	H	
Qatar	78,4	67,4	66,2	6	3	7	52	74	1,9
Norvège	81,5	69,7	66,3	1	3	3	49	77	9,1
Allemagne	80,7	70,9	67,1	3	3	4	51	96	11,1
Canada	81,5	70,9	68,3	2	2	5	53	84	11,2
France	81,8	71,9	67,0	1	11	4	53	113	11,6
Islande	82,1	69,9	66,9	3	10	2	38	64	9,1
Corée du Sud	81,5	72,6	67,9	1	1	4	47	102	7,2
Slovénie	79,6	70,7	65,7	2	5	3	51	118	9,1
Rép. tchèque	77,7	69,6	64,8	1	2	4	60	132	7,4
Russie	68,0	64,5	55,4	3	2	10	131	351	6,2
Cuba	79,3	66,9	63,5	4	1	6	75	119	10,0
Roumanie	73,8	67,3	61,4	4	6	12	84	209	5,8
Maurice	73,6	66,8	61,2	1	1	15	94	208	5,9
Brésil	73,9	66,6	61,1	1	1	14	100	202	8,9
Afrique du S.	56,9	52,7	49,1	30	21	45	407	474	8,5
Chine	75,3	70,4	65,5	1	1	14	81	112	5,2
Bhoutan	68,3	61,5	58,2	3	5	45	157	210	4,1
Inde	66,4	57,7	54,9	12	26	56	159	247	3,9
Haïti	63,1	37,1	27,8	19	42	76	223	258	7,9
Mali	55,0	46,4	48,8	15	41	128	304	369	6,8
Monde. 187 États	**70,8**	**63,7**	**59,8**	**9**	**16**	**47**	**127**	**188**	**10,1**

[1] Espérance de vie à la naissance. En années. [2] Espérance de vie ajustée à la santé. En années. Femmes ou hommes, données 2010. [3] Pourcentage d'enfants d'un an non vaccinés. DCT : diphtérie, coqueluche, tétanos ; R : rougeole. Données 2012. [4] Taux de mortalité des enfants de moins de 5 ans. Pour 1000 naissances vivantes (‰). Données 2012. [5] Taux de mortalité avant 60 ans des adultes de 15 ans, femmes ou hommes. Données 2011. Pour 1000 (‰). [6] Dépenses publiques de santé. Part du PIB (%). Données 2011.

Tableau 2. Indicateurs de vie et de santé des 20 États

- Six États sont estimés avoir une espérance de vie *très élevée* (80 ans et plus). Trois, Allemagne, Canada et Norvège, appartiennent au 10e décile et trois, Corée du Sud, France et Islande, au 9e. Toutes se situent entre 80 et 82 ans. Dans le domaine de la santé, ces six États font quasiment le sans faute: des taux de non vaccination très faibles ; des taux de mortalité infantile avant 5 ans entre 2 et 5 ‰ ; des taux de mortalité des 15-60 ans restant modérés chez les femmes (de 38 ‰ en Islande à 53 ‰ au Canada ou en France) mais plus élevés chez les hommes (64 ‰ en

Islande et 113 ‰ en France) ; enfin, sauf en Corée où elles restent plus faibles (7,1 %), les dépenses publiques de santé représentent entre 9 et près de 12 % du produit intérieur brut (PIB) de ces États. Mais il ne faut pas omettre de noter que les trois États du 9e décile sont aussi les plus riches de ce décile, et par conséquent assez proches des trois autres quant aux revenus.

- Pour cinq autres, elle est *élevée* (74 à moins de 80 ans) : le Qatar du 10e décile, Cuba, la République tchèque et la Slovénie du 9e, tous proches ou au-dessus de 78 ans, mais aussi la Chine des 7e et 6e (75 ans). Pour les quatre premiers, les écarts en termes d'espérance de vie sont faibles, et de faible effet sur la plupart des autres indicateurs : les politiques de vaccination sont pratiquement aussi bien suivies, la mortalité infantile avant 5 ans reste faible (de 3 ‰ en Slovénie à 7 ‰ au Qatar) et celle des 15-60 ans croît très légèrement, sans dépasser 75 ‰ chez les femmes cubaines et 132 ‰ chez les hommes tchèques. La différence avec le groupe précédent est plus accentuée en ce qui concerne la Chine : 5 à 7 ans d'espérance de vie en moins, mais un écart qui s'explique principalement par les différences de revenus, des pratiques de vaccination pourtant exemplaires (1 % de non vaccinés), mais des taux de mortalité des adultes qui restent un peu plus élevés, notamment chez les femmes (81 ‰). Les dépenses publiques de santé restent très faibles au Qatar (moins de 2 % du PIB), faibles en Chine (un peu plus de 5 %), encore un peu faibles (un peu plus de 7 %) en République tchèque, et à un meilleur niveau en Slovénie (9 %) et à Cuba (10 %). Mais il ne faut pas oublier que l'espérance de vie à la naissance est un indicateur à évolution lente : par rapport à 2010, tous ces États ont, au moins légèrement, progressé, la Chine davantage qui, en 3 ans, a gagné près de deux années.

- Cinq autres États indiquent une espérance *moyenne* (68 à moins de 74 ans) : pour le 9e décile, la Roumanie (74 ans) et la Russie (68 ans), qui enregistre l'espérance la plus faible de ce groupe, le Brésil et Maurice, du 8e décile et proches de 74 ans, le Bhoutan enfin (un peu plus de 68 ans), du 5e décile et qui surpasse légèrement la Russie. Les non vaccinations restent assez rares ; mais la mortalité infantile avant 5 ans croît sensiblement dans les États des 9e (Roumanie : 12 ‰ ; Russie : 10 ‰) et 8e déciles (Brésil : 14 ‰ ; Maurice : 15 ‰) et s'élève fortement au Bhoutan (45 ‰) ; progresse également la mortalité des 15-60 ans : pour les femmes, entre 84 (Roumanie) et 157 ‰ (Bhoutan), pour les hommes, entre 202 (Brésil) et 351 ‰ (Russie) ; enfin, les dépenses sauf au Brésil (près de 9 %), tendent à diminuer en même temps que s'abaissent les revenus : autour de 6 % à Maurice et en Russie ou en Roumanie, mais 4 % au Bhoutan. En définitive, quant à l'espérance de vie à la naissance, le Brésil, Maurice et la Roumanie se classent en assez bonne conformité avec leurs revenus, la Russie assez en deçà et le Bhoutan un peu au-delà.

- La catégorie suivante, espérance *basse* (60 à moins de 68 ans) ne compte que deux États assez différents, notamment quant aux revenus : le RNB/h de l'Inde est un peu plus de trois fois plus élevé que celui d'Haïti ; mais de surcroît, le premier progresse économiquement tandis que le second s'est totalement effondré. L'espérance de vie à la naissance est d'un peu plus de 66 ans en Inde, et de 63 en Haïti. Les vaccinations sont encore mal assurées en Inde et encore plus mal assurées en Haïti ; la mortalité infantile avant 5 ans y fait un nouveau bond (56 ‰ en Inde et 76 ‰ en Haïti), de même que les taux de mortalité des 15-60 ans (159 ‰ pour les femmes et 247 ‰ pour les hommes en Inde, dans le même ordre 223 et 258 ‰ en Haïti) ; la part des dépenses publiques peut paraître plus conséquente en Haïti (près de 8 %) qu'en Inde (à peine 4 %), mais elle est calculée sur un PIB si petit qu'elle ne peut qu'être totalement insuffisante. Dans l'un et l'autre cas, ce sont des États dans lesquels la plus grande part des populations connaît des situations totalement insupportables.

- Une espérance *très basse* (moins de 60 ans) est à la fois relevée en Afrique du Sud (57 ans), État pourtant *riche* (8e décile), mais qui subit encore les lourdes séquelles de la période d'apartheid, ainsi que dans l'autre État *extrêmement pauvre* de notre échantillon, le Mali (55 ans). Notons cependant que ces deux États ont assez nettement progressé entre 2010 et 2013, nettement plus que la Chine par exemple : l'un et l'autre ont gagné cinq années, que le Mali risque de reperdre si les conflits s'y maintiennent. L'un et l'autre, comme Haïti et trop d'autres États, en particulier sur le continent africain, connaissent encore des situations sanitaires très fragiles : les taux de vaccinations sont très insuffisants ; la mortalité infantile avant 5 ans reste très élevée en Afrique du Sud (45 ‰) et un véritable fléau au Mali (128 ‰) ; et les taux de mortalité des 15-60 ans y restent parmi les plus élevés de la planète

(304 ‰ pour les femmes et 369 ‰ pour les hommes au Mali, 407 et 474 ‰ en Afrique du Sud) ; certes, l'Afrique du Sud, qui dispose d'un PIB convenable, notamment par rapport à l'ensemble des États africains, consacre une part raisonnable (8,5 %) aux dépenses publiques de santé, mais le Mali, qui n'y consacre que moins de 7% d'une somme minuscule, risque de voir perdurer cette situation insupportable. L'un et l'autre, comme d'autres États, notamment de la région, devraient pouvoir bénéficier d'une aide internationale conséquente et urgente, au nom de la solidarité... et, bien souvent, de la dette.

Les indicateurs d'éducation (Tableau 3)

	DMS[1]	TAA[2]	DAS[3]	Taux brut scol.[4]			El/ Ens[5]	Dép. Éduc.[6]
				Prim.	Sec.	Sup.		
Qatar	9,1	96,3	13,8	103	112	12	10	2,5
Norvège	12,6	-	17,6	99	113	73	-	6,9
Allemagne	12,9	-	16,3	101	102	57	12	5,1
Canada	12,3	-	15,9	99	102	-	-	5,5
France	11,1	-	16,0	108	110	57	18	5,9
Islande	10,4	-	18,7	99	100	81	10	7,8
Corée du Sud	11,8	-	17,0	104	97	101	19	5,0
Slovénie	11,9	99,7	16,8	98	98	85	17	5,7
Rép. tchèque	12,3	-	16,4	102	96	65	19	4,2
Russie	11,7	99,7	14,0	99	85	75	18	4,1
Cuba	10,2	99,8	14,5	99	90	62	9	2,9
Roumanie	10,7	97,7	14,1	96	96	52	17	4,2
Maurice	8,5	88,8	15,6	108	96	40	21	3,7
Brésil	7,2	90,4	15,2	-	-	-	-	5,8
Afrique du Sud	9,9	93,0	13,1	102	102	-	30	6,0
Chine	7,5	95,1	12,9	128	87	24	17	-
Bhoutan	2,3	52,8	12,4	112	74	9	24	4,7
Inde	4,4	62,8	11,7	113	69	23	35	3,3
Haïti	4,9	48,7	7,6	-	-	-	-	-
Mali	2,0	33,4	8,6	88	51	7	48	4,7
Monde. 187 États	**7,7**	**81,2**	**12,2**	**108**	**74**	**31**	**-**	**5,0**

[1] Durée moyenne de scolarisation des personnes de 25 ans et plus ; en nombre d'années, données 2012. [2] Taux d'alphabétisation des adultes de 15 ans et plus. Dernière donnée connue entre 2005 et 2012. [3] Durée attendue de scolarisation. En nombre d'années, pour les enfants en âge d'entrer à l'école l'année considérée, données 2012. [4] Taux brut de scolarisation. Primaire, secondaire et supérieur. Dernières données connues entre 2003 et 2012. [5] Primaire : rapport entre le nombre d'élèves et le nombre d'enseignants (taux d'encadrement). [6] Dépenses publiques d'éducation. Part du PIB (%). Données 2012 ou voisines.

Tableau 3. Indicateurs d'éducation dans les 20 États

Afin de caractériser et comparer le développement de l'éducation dans l'ensemble des États de la planète, le PNUD, comme pour la santé, a repéré un certain nombre d'indicateurs pertinents et recueille régulièrement les données correspondantes. D'une part, deux indicateurs qu'il considère comme essentiels et fait intervenir dans le calcul de l'indice de développement humain (IDH), en liaison avec le revenu national brut par habitant et l'espérance de vie à la naissance qui ont été précédemment évoqués : la durée moyenne de scolarisation (DMS) de l'ensemble des adultes de 25 ans et plus de chacun des États et, à la même date, la durée attendue de scolarisation (DAS) des jeunes en âge d'entrer à l'école obligatoire; d'autre part, d'autres indicateurs complémentaires dont nous retiendrons les suivants : taux d'alphabétisation des adultes de 15 ans et plus, taux bruts de scolarisation en primaire, secondaire et supérieur, part du PIB affectée aux dépenses d'éducation.

La DMS rend compte d'une situation effective : en moyenne, une population a effectué un certain nombre d'années d'études. L'indicateur est fiable, à condition qu'on admette qu'il y a, sur l'ensemble et en moyenne, un rapport entre les temps d'études et les niveaux d'acculturation atteints. C'est assez probable, et il n'est pas sûr qu'on puisse, au niveau international, en trouver un meilleur. La DAS est un pronostic, comme l'espérance de vie, mais sans doute moins fiable, parce que moins objectivé : il s'appuie certes sur une réalité et des acquis (la DMS, le taux d'alphabétisation, celui des accès à l'enseignement supérieur, etc.), mais aussi sur des souhaits ou des ambitions, qui sont le plus souvent réalistes, mais peuvent aussi, parfois, devenir excessifs ou, au contraire trop timorés ; c'est pourquoi, dans certains cas, nous essaierons d'en évaluer provisoirement la faisabilité.

En 2012[18], pour une moyenne mondiale de 7,7 ans (sur 187 États), la DMS, sur notre échantillon, a varié de 2 ans au Mali à 12,9 ans en Allemagne ; la DAS, entre 7,6 ans en Haïti et 18,7 ans en Islande, pour une moyenne mondiale de 12,2 ans. L'étude conjointe de ces deux données est extrêmement importante car toutes les observations confirment que la réalisation de la durée attendue de scolarisation des jeunes dépend beaucoup du socle antérieur sur

---

[18] C'est la dernière année connue. Nous aurions préféré 2013, comme pour l'espérance de vie à la naissance. Mais les variations sur un an sont très faibles.

lequel elle s'appuie : en bref, les États ne peuvent avancer que lentement et progressivement.

Présentons donc d'abord nos propositions de classement des DMS et DAS[19], afin de pouvoir les examiner conjointement.

	Très élevée	Élevée	Moyenne	Basse	Très basse
DMS	12 ans et plus	10 à 11 ans	7 à 9 ans	5 à 6 ans	4 ans et moins
DAS	17 ans et plus	15 à 16 ans	12 à 14 ans	10 à 11 ans	9 ans et moins

- Parmi les quatre États du 10e décile (revenus *très élevés*), seule la Norvège enregistre à la fois une DMS (13 ans) et une DAS (18 ans) *très élevées*, des niveaux d'éducation confirmés par une forte fréquentation des enseignements supérieurs (73 %). L'Allemagne et le Canada, dont la DMS est *très élevée* (dans l'ordre, 13 et 12 ans) se situent en catégorie *élevée* quant à la DAS (16 ans pour l'un et l'autre), donc en léger retrait, notamment en termes de pronostic d'avenir, ce que confirme le taux plus bas d'accès au supérieur en Allemagne (57 %)[20]. Le Qatar est en plus net décalage puisque sa DMS (9 ans) et sa DAS (14 ans) le classent en catégorie *moyenne* ; en outre son taux d'accès à l'enseignement supérieur n'atteint que 12 %. Les données fournies par les autres indicateurs semblent bien confirmer cette proposition de classement : généralisation de la scolarisation primaire et secondaire dans les quatre États, alphabétisation des adultes considérée comme totale sauf au Qatar (96 %) et des dépenses publiques, exprimées en parts de PIB, plus importantes en Norvège (6,9 %) qu'en Allemagne et au Canada (de l'ordre de 5 à moins de 6%) ou, plus encore, au Qatar (2,5 %). En bref, dans le domaine de l'éducation, l'écart entre la Norvège et l'Allemagne ou le Canada, qui sont très proches, tout en étant significatif, reste mince, mais l'écart entre ces deux derniers et le Qatar apparaît de plus grande ampleur. L'Allemagne et le Canada nous sembleraient en capacité d'accroître leurs ambitions respectives.
- Parmi les huit États aux revenus *élevés*, les situations sont très diversifiées. Deux États, Corée du Sud et Slovénie affichent

---

[19] Pour le classement, les données sont arrondies à l'unité la plus proche.

[20] Le Canada n'a pas renseigné.

des résultats très proches, et de niveau *très élevé*, tant en ce qui concerne les DMS (les deux, de l'ordre de 12 ans) que les DAS (environ 17 ans dans les deux cas) ; et les deux États observent déjà des taux de fréquentation très élevés de leurs enseignements supérieurs respectifs (dans l'ordre, 100 et 85 %). Un troisième État, l'Islande, d'une certaine façon, les rejoint : certes, sa DMS reste au niveau *élevé* (10 ans) et en retrait, mais son ambition quant à la DAS, *très élevée* et la plus élevée de ce groupe, ne semble pas hors d'atteinte puisque son taux d'accès au supérieur se situe déjà à 81 %. Ces trois États ont généralisé leurs enseignements primaire et secondaire, l'alphabétisation des adultes y est totale ou quasi-totale ; la Corée du Sud (5 %) et la Slovénie (5,7 %) consacrent des parts importantes de leurs PIB aux dépenses publiques d'éducation, l'Islande une part encore plus importante (7,8 %). Au total, trois États assez proches du Canada ou de l'Allemagne dans ce domaine, la Corée du Sud les dépassant même quelque peu, notamment si l'on se réfère aux classements PISA. Et la haute ambition de l'Islande semble, de fait, très réalisable. Deux États, Cuba et la France, sont aussi classés l'un et l'autre au même niveau *élevé* quant à leur DMS (dans l'ordre, 10 et 11 ans) ou leur DAS (15 et 16 ans) : la France ne conserve plus qu'une année d'avance dans les deux cas et Cuba devance même très légèrement la France en ce qui concerne le taux d'accès de ses jeunes à l'enseignement supérieur (62 % contre 57 %). La République tchèque, dont la DMS est *très élevée* (12 ans), et dont le taux d'accès à l'enseignement supérieur (65 %) dépasse légèrement ceux de Cuba et de la France, affiche aussi, comme eux, une ambition élevée quant à la DAS (16 ans). Elle en est, en fait, très proche. Dans ces États, la scolarisation primaire et secondaire est totalement généralisée ainsi que l'alphabétisation de l'ensemble de la population adulte ; la part de dépenses publiques la plus forte est observée en France (5,9 %), tandis qu'elle s'abaisse à 4,2 % en République tchèque, et même à 2,9 % à Cuba. Cuba, depuis plusieurs années, marque des progrès constants dans le domaine de l'éducation ; et il vient d'enregistrer d'importantes avancées quant aux revenus par habitant. La France tend plutôt, dans ces deux domaines, à stagner, voire même, notamment en éducation selon les derniers résultats PISA, à régresser légèrement mais régulièrement, et devrait donc réagir. La République tchèque, déjà membre de l'UE mais soucieuse d'accéder à la zone Euro, possède déjà un solide potentiel culturel et avance à grands pas quant à la formation de ses jeunes. Ces trois États, quant à l'éducation, restent ou deviennent assez proches de l'Allemagne ou du Canada. Mais, sauf à relever ses ambitions, la France peut craindre d'être rapidement rejointe ou dépassée. Les deux derniers, Roumanie et Russie, présentent des situations très différentes de celles des six autres. Bien que leurs DMS respectives (dans l'ordre, 11 et 12 ans) les classent aux niveaux *élevé* ou *très élevé* et que leurs enseignements supérieurs soient déjà assez développés (Roumanie: 52 %), voire très développés (Russie : 75 %), ces deux États n'envisagent actuellement qu'une DAS moyenne de 14 ans, comme celle du Qatar. Certes, l'un et l'autre n'ont pas totalement généralisé leurs enseignements secondaires (la Russie surtout, 85 % ; la Roumanie en est plus près, 96 %), mais l'alphabétisation des adultes est acquise en Russie (près de 100 %) et en voie de l'être en Roumanie (près de 98 %) ; surtout, les dépenses publiques d'éducation restent un peu minces (de l'ordre de 4 % du PIB dans les deux cas). Ces deux États, dont les revenus sont pourtant *élevés* (depuis peu, il est vrai, pour la Roumanie) restent en assez net décalage par rapport aux autres États de ce même niveau, souvent d'un à deux ans mais de plus de quatre ans par rapport à l'Islande, quant aux durées attendues de scolarisation de leurs jeunes. Et la Russie notamment, dont la durée moyenne de scolarisation des adultes est très élevée, semblerait en capacité d'élever aussi, en harmonie, la durée attendue de scolarisation de ses jeunes.

- Parmi les trois États du 8e décile (niveau de revenu *moins élevé*), l'Afrique du Sud est celui dont la population adulte est, actuellement et en moyenne, la plus longuement formée (DMS *élevée*, 10 ans) ; le Brésil et Maurice ont une DMS plus faible et *moyenne* (dans l'ordre, 7 et près de 9 ans). Mais c'est en revanche l'Afrique du Sud qui prévoit la DAS la plus faible (13 ans) se situant donc en catégorie *moyenne*, comme la Roumanie ou la Russie ; le Brésil et Maurice envisagent quant à eux des DAS *élevées*, portées respectivement à 15 et 16 ans ; seul Maurice renseigne quant au taux actuel de fréquentation de l'enseignement supérieur : 40 %. Les taux d'alphabétisation des adultes restent en deçà de 100 % dans ces trois États : 93 % en Afrique du Sud, 90 % au Brésil et 89 % à Maurice ; mais les taux de scolarisation, sauf pour le Brésil qui ne renseigne pas, sont à 100 % en primaire et en secondaire en Afrique du Sud, à 100 % en primaire et 96 % en secondaire à Maurice ; les dépenses publiques d'éducation semblent assez convenables : un peu faibles à Maurice (3,7 % du PIB), plus élevées et voisines de 6 % dans les deux autres. Le Brésil et Maurice avancent de façon assez équilibrée. La situation est plus difficile pour l'Afrique du Sud, qui doit améliorer son système éducatif, mais aussi, parallèlement, répondre à d'énormes besoins dans le domaine de la santé : pour cet État, il semble sans doute indispensable de progresser, mais sans heurts ni précipitation.

- La Chine, État le plus riche des États *médians* (déciles 6 et 7) dont la DMS (8 ans) est *moyenne*, envisage également une DAS *moyenne* (13 ans), qui semble en assez bonne correspondance avec un assez bon taux d'alphabétisation des adultes (95 %) et le développement encore modeste de son enseignement supérieur (taux d'accès de 24 %). La situation du Bhoutan paraît beaucoup plus difficile : malgré une DMS *très basse*, à peine supérieure à deux ans, et un taux d'alphabétisation des adultes de 53 %, il envisage une DAS *moyenne* (12 ans), alors que, dans l'immédiat, son enseignement supérieur n'accueille que 9 % de ses jeunes. Certes, les deux États ont généralisé leur enseignement primaire, mais il reste encore des failles concernant l'enseignement secondaire en Chine (scolarisation à 87 %), et surtout au Bhoutan (scolarisation à 74 %). Sans être facile, l'ambition de la Chine est plus tenable, mais à quel prix pour ceux qui ne feront pas partie de l'élite de cet État. Il faut néanmoins encourager le Bhoutan, qui consacre une assez large part d'un PIB restreint (4,9 %) aux dépenses publiques d'éducation[21].

- Viennent enfin l'Inde, Haïti et le Mali : l'Inde, second État de la planète quant à sa population, et le plus pauvre des cinq États membres du BRICS, puis Haïti et le Mali, extrêmement pauvres et représentatifs de difficultés et de misères totalement insupportables. Des Indiens adultes dont la DMS *très basse* reste d'un peu plus de 4 ans et qui aspirent, pour leurs jeunes, à une DAS *moyenne* de près de 12 ans semblant pouvoir être atteinte, puisque 23 % des jeunes accèdent déjà à l'enseignement supérieur ; des

[21] La Chine n'a pas renseigné à ce propos.

Haïtiens ayant connu des moments un peu moins mauvais puisque leur DMS est de près de 5 ans, mais qui, après les drames qu'ils viennent de connaître, ne fixent sans doute avec raison leur objectif de DAS qu'à moins de 8 ans, une valeur *très basse*, et sans doute trop basse pour entrer dans la compétition mondiale actuelle ; des Maliens enfin, dont la DMS se limite à 2 ans et dont l'enseignement supérieur n'est accessible qu'à 7 % des jeunes et qui, pourtant, envisagent aussi de porter la DAS à près de 9 ans, le niveau *très bas*, comme en Haïti. Ces trois États connaissent, au plan de l'éducation, d'énormes difficultés : des taux d'alphabétisation des adultes encore bas voire très bas (63 % en Inde, 49 en Haïti et 33 au Mali), un enseignement primaire non généralisé[22] au Mali (88 %) et des enseignements secondaires loin de la généralisation en Inde (69 %) et, surtout, au Mali (51 %) ; des parts de dépenses publiques encore faibles (3,3 %) en Inde et un peu plus favorables au Mali (4,7 %), mais portant sur un PIB par habitant très faible. Si l'Inde progresse réellement, et cet État y semble décidé, il est à craindre que ce soit au détriment de ses populations les plus défavorisées ; et il semble difficile d'envisager la réussite des deux autres États sans une aide conséquente des grands organismes internationaux.

Revenu, espérance de vie et espérance en éducation

L'espérance de vie à la naissance et l'espérance en éducation sont aussi, au niveau de l'ensemble des 187 États suivis par le PNUD, fortement corrélées. Et, de nouveau, sur notre échantillon de 20 États, les concordances l'emportent très nettement sur les discordances.

[22] Haïti ne renseigne pas cet élément ni ceux qui vont suivre.

Espérance de vie à la naissance

		Très élevée	Élevée	Moyenne	Basse	Très basse
Espérance en éducation (DAS)	**Très élevée**	6-Norvège 26-Islande 33-Corée du S.	36-Slovénie			
	Élevée	14-Allemagne 19-Canada 25-France	42-R. tchèque 56-Cuba	66-Maurice 76-Brésil		
Devant chaque État figure le rang de classement de ses revenus (sur 187 États).	**Moyenne**		1-Qatar 88-Chine	46-Russie 62-Roumanie 118-Bhoutan	130-Inde	84-Afr. du Sud
	Basse					
	Très basse				165-Haïti	171-Mali

- Neuf d'entre eux sont en concordance forte (diagonale en grisé foncé) : trois au niveau *très élevé*, dont un seul, la Norvège, bénéficie de revenus *très élevés*, tandis que l'Islande et la Corée du Sud n'ont que des revenus *élevés* ; deux au niveau *élevé*, en cohérence avec des revenus *élevés* ; trois au niveau *moyen*, le Bhoutan en cohérence avec des revenus *médians*, mais les deux autres – Russie et Roumanie – avec des revenus *élevés* pouvant laisser présager de meilleurs résultats sur les deux dimensions ; enfin, le Mali, au niveau *très bas* sur les trois dimensions.
- Dix autres se situent en concordance plus *atténuée* (rectangles en grisé moyen), six d'entre eux obtenant leur meilleur classement en espérance de vie, les quatre autres en éducation. Parmi les six, Allemagne, Canada et France obtiennent des résultats très comparables – niveau *élevé* en espérance d'éducation et niveau *très élevé* en espérance de vie, à partir de revenus *très élevés* pour les deux premiers, mais de revenus *élevés* pour le troisième ; Qatar et Chine connaissent une situation assez semblable : espérance de vie *élevée* et espérance d'éducation *moyenne* pour les deux, mais avec des revenus très différents, *très élevés* pour le premier, seulement *médians* pour le second ; il en est de même pour le Qatar et la Chine qui, l'un et l'autre, se situent au niveau *élevé* quant à l'espérance de vie et au niveau *moyen* quant à l'éducation, mais à partir de revenus nettement différents : *très élevés* pour le premier et *médians* mais dix fois moindres pour le

second ; reste Haïti qui, malgré des revenus *très bas* réussit encore à maintenir une espérance de vie qui n'est que *basse.* Parmi les quatre autres États, la Slovénie, dont les revenus sont *élevés* se classe à ce niveau en ce qui concerne l'espérance de vie, mais se hisse au niveau *très élevé* en ce qui concerne son espérance d'éducation ; Maurice et le Brésil, certes dotés de revenus *moins élevés* atteignent le niveau *élevé* quant à l'éducation mais restent au niveau *moyen* quant à l'espérance de vie ; et l'Inde, malgré des revenus et une espérance de vie se situant au niveau *bas*, élève son ambition d'éducation au niveau *moyen*

- Un seul État, l'Afrique du Sud, est en discordance plus nette : des revenus *élevés*, mais une espérance en éducation *moyenne* et une espérance de vie *très basse.*

Sur les trois dimensions, toutes au plus haut niveau, la cohérence est très forte en Norvège : c'est le signe fort d'une politique bien menée et sans doute orientée en faveur du plus grand nombre de ses habitants ; mais c'est l'ampleur des inégalités internes qui permettra de mieux l'établir. Une même cohérence, mais à un niveau moins élevé, est observée en République tchèque ou à Cuba, deux États dont les résultats progressent d'observation en observation : sans doute mènent-ils des politiques favorables au développement humain et ce sont encore les observations internes aux États qui le détermineront. Le Bhoutan rapproche son niveau de développement, au moins en éducation, de ceux de la Chine, mais aussi de ceux du Qatar, et le Mali regroupe, sur les trois dimensions, une misère intolérable et indigne de l'humanité.

D'autres États font montre d'une cohérence moins forte. C'est par exemple le cas de l'Allemagne et celui de la France. L'Allemagne, aux revenus *très élevés* (10e décile) est bien classée au niveau *très élevé* quant à l'espérance de vie, mais au niveau *élevé* quant à l'éducation. La France, avec des revenus moindres (9e décile, et un écart de 20 %), se classe avec l'Allemagne sur les deux autres dimensions. Sans doute parce que la différence de revenus n'est pas suffisamment élevée pour déterminer des politiques fondamentalement différentes. Mais sans doute aussi, et nous le vérifierons, parce que les inégalités, qu'il faudrait cependant réduire, y restent moins intolérables que dans bien d'autres parties du globe. Et il est d'ores et déjà clair que leurs similitudes sont bien plus importantes que leurs différences.

Prenons enfin un dernier exemple, portant sur des discordances plus fortes, pour montrer que l'importance des revenus n'est que relative : ce qui importe bien davantage, c'est leur répartition dans les populations, par exemple entre les catégories sociales ou entre les femmes et les hommes. La Slovénie, le Qatar et la Chine ont des espérances de vie voisines et *élevées*. La Slovénie, avec des revenus quatre fois moindres que ceux du Qatar, vient d'approcher la Norvège en ce qui concerne l'éducation, tandis que le Qatar, dont les revenus sont dix fois plus élevés que ceux de la Chine, rejoint celle-ci quant à la dimension éducation. Toujours, les inégalités à l'intérieur des États, qu'il nous faudra cerner.

En définitive, et c'est ce que nous recherchions, ces vingt cas retenus représentent bien une diversité de situations qui, regroupées, nous semblent constituer une bonne image de la planète, du rôle profondément néfaste et absurde des inégalités entre les États qui s'y développent, des conflits qu'elles génèrent, des « dommages collatéraux » qu'elles entraînent ou des catastrophes climatiques qu'elles amplifient, mais aussi du profit quasi incommensurable qu'entraînerait leur réduction, pour les humains et la planète elle-même. Car s'y regroupent la quasi totalité des situations envisageables, des revenus insolents, aberrants et probablement très mal répartis, du Qatar (mais il n'est pas le seul) à la misère inacceptable de Haïti ou du Mali, des États dans lesquels l'immense majorité des populations est très pauvre, et pour lesquels une aide internationale d'importance est indispensable, et plus encore lorsque surviennent des évènements exceptionnels. Pour ces États, s'impose certes une véritable politique mondiale de réduction drastique des inégalités, acceptée par tous et notamment par les plus riches, supposant notamment la lutte déterminée contre les paradis fiscaux et contre l'exploitation des plus humbles, une plus juste régulation des marchés et des cours mondiaux, le simple mais indispensable respect de la planète et de ses richesses, mais s'impose aussi la cessation de la course effrénée pour l'accroissement de profits de plus en plus insensés. Car la diminution des écarts entre les États ne peut résulter que de l'acceptation, au moins provisoire, d'une stagnation de leur progression, notamment lorsqu'elle atteint l'insolence.

Mais, entre ces extrêmes, tout aussi insupportables, il y a tous les intermédiaires, très différents et tout aussi éclairants, de la Norvège qui, à l'image d'autres États de l'Europe du Nord, paraît un bon exemple d'inégalités restant tolérables, et peut-être même stimulantes, jusqu'à l'Inde, le plus pauvre des États du BRICS, cet État dont nous examinerons avec intérêt les inquiétantes et importantes inégalités internes.

- D'abord le groupe des États restant assez proches ou tendant à se rapprocher de la Norvège. Des États de l'UE ou souhaitant y entrer – Allemagne, France, Islande, République tchèque et Slovénie -, mais aussi d'autres continents – Canada, Cuba et Corée du Sud -. Tous appartiennent aux 10e et 9e déciles et ont des revenus acceptables qui, sauf évènements exceptionnels, leur permettent de définir leurs propres politiques de développement, au niveau national ou d'un ensemble plus vaste auquel ils se rattachent (l'UE par exemple). Mais tous comptent encore une trop grande part de pauvreté, conséquence, nous le verrons, d'inégalités internes encore un peu trop fortes, qu'il serait nécessaire de résorber.

- En décalage par rapport aux précédents, mais avec des moyens restant acceptables (8e et 9e déciles) même s'ils pourraient être atténués, se regroupent cinq États, assez différents, dont trois grands émergents. La Russie, quoiqu'encore *très riche* (9e décile) et la Roumanie (membre de l'UE venant d'accéder au 9e) n'enregistrent que des résultats *moyens* sur les deux autres dimensions, donc voisins de ceux de la Chine en ce qui concerne l'éducation, mais inférieurs en ce qui concerne la santé. L'Afrique du Sud et le Brésil, deux autres grands émergents (8e décile), avancent certes, mais semblent en difficulté quant à la réduction indispensable des inégalités, qui sont de lourdes séquelles du passé. Enfin, Maurice (9e décile), que nous avons notamment retenu pour la diversité ethnique et culturelle de sa population, s'il progresse quant à l'éducation, stagne quant à la dimension santé. Mais là encore, pour l'essentiel, les progrès ne peuvent dépendre que de la réduction interne des inégalités.

- Restent donc les États *médians* (au total 40 % de la population mondiale), que nous avons voulu représenter par la Chine (elle en est, à elle seule, la moitié), mais aussi par le Bhoutan, ce petit État jouxtant à la fois la Chine et l'Inde, qui a été l'un des premiers à considérer que le PNB (produit national brut) n'était pas nécessairement, au moins s'il est considéré seul, le meilleur indicateur, et proposé d'y substituer le BNB (Bonheur national brut). D'une certaine façon, l'un est sans doute le contre-exemple de l'autre : le Bhoutan, eu égard à l'homogénéité de sa population, et à son assez grande indépendance économique (une culture essentiellement vivrière, des productions familiales et une activité touristique limitée) ; la Chine, eu égard à une hétérogénéité forte, qui résume à elle seule la diversité mondiale, de Shanghaï aux lointaines provinces de l'Ouest. Une hétérogénéité telle que les moyennes y perdent beaucoup de sens.

Le développement humain et son indice principal

Afin de clore cette partie concernant les inégalités entre États, et de faire la transition avec la partie concernant les inégalités à l'intérieur de chacun d'entre eux, nous voudrions confronter notre classification à celle qu'établit l'indice de développement humain initialement proposé par le PNUD (IDH[23]). Celui-ci, rappelons-le, définit, à partir des trois critères essentiels du développement - revenus, santé et éducation -, sur une échelle simple (de 0 à 1), un indice permettant de hiérarchiser le niveau de développement théoriquement attendu (c'est donc un pronostic) de chacun des États.

Dans ce groupe (Tableau 4), l'IDH 2013 varie de 0,944 en Norvège (État classé au rang 1 sur 187) à 0,407 au Mali (176e), en parfaite concordance avec nos observations et classements.

[23] « L'indice de développement humain (IDH) mesure le niveau moyen de développement humain atteint dans un pays donné, sous trois aspects essentiels : santé et longévité, accès à l'instruction et niveau de vie décent. La couverture d'un pays, en termes de son IDH, dépend de la disponibilité des données. Pour permettre de faire des comparaisons entre les pays, le calcul de l'IDH a été réalisé, dans la mesure du possible, à partir de données fournies par de grands organismes internationaux et par d'autres sources de données. » *Rapport sur le développement humain 2014*, PNUD.

	IDH[1] 2013		RNB/h[2] 2013		IDHI[3] ajusté2013		IDH[4] 2000	
Qatar	.851	31	119 029	1	-	-	.811	37
Norvège	.944	1	63 909	6	.891	5,6	.910	.28
Allemagne	.911	6	43 049	14	.846	7,1	.854	.51
Canada	.902	8	41 887	19	.833	7,6	.867	.31
France	.884	20	36 629	25	.804	9,0	.848	.33
Islande	.895	13	35 116	26	.843	5,7	.858	.32
Corée du Sud	.891	15	30 345	33	.736	17,4	.819	.65
Slovénie	.874	25	26 809	36	.824	5,8	.821	.48
Rép. tchèque	.861	28	24 535	56	.813	5,6	.806	.52
Russie	.778	57	22 617	46	.685	12,0	.717	.64
Cuba	.815	44	19 844	56	-	-	.742	.73
Roumanie	.785	54	17 433	62	.702	10,5	.706	.82
Maurice	.771	63	16 777	66	.662	14,2	.686	.90
Brésil	.744	79	14 275	76	.542	27,0	.682	.67
Afrique du Sud	.658	118	11 788	84	-	-	.628	.36
Chine	.719	91	11 477	88	-	-	.591	1.52
Bhoutan	.584	136	6 775	118	.465	20,4	-	-
Inde	.586	135	5 150	130	.418	28,6	.483	1.49
Haïti	.471	168	1 636	165	.285	39,5	.433	.66
Mali	.407	176	1 499	171	-	-	.309	2.13
Monde. 187 États	**.702**	**-**	**13 723**		**.541**	**22,9**	**.639**	**.73**

[1] Indice de développement humain. A gauche, valeur (comprise entre 0 et 1) ; à droite, rang de classement (sur 187). [2] Revenu national brut par habitant (dollars US, PPA, valeur 2011). A gauche, valeur ; à droite, rang (sur 187). [3] Indice de développement humain ajusté aux inégalités. A gauche, indice corrigé en fonction des inégalités propres à l'État considéré ; à droite, pourcentage de correction par rapport à l'IDH. [4] Indice de développement humain, année 2000. A gauche, valeur (entre 0 et 1) ; à droite, pourcentage d'accroissement moyen annuel entre 2000 et 2013 (exemple : .37 = 0,37 % par an).

Tableau 4. L'indice de développement humain dans les 20 États

- Haïti (0,471 - 168e) devance le Mali de quelques places, parce que ses revenus sont un peu supérieurs, ainsi que son espérance de vie.
- Viennent ensuite, pratiquement à égalité, le Bhoutan (0,584 – 136e rang) et l'Inde (0,586 -135e). Nous avions accordé un léger avantage au premier, notamment parce que son espérance de vie est un peu plus élevée, mais, dans notre classement, nous n'avions pas pris en compte la DMS qui est très basse et le pénalise au niveau de l'indice. Ils sont en fait très proches et constituent un bon

exemple de la nécessité de l'interprétation des données, en revenant au qualitatif.

- Ensuite vient l'Afrique du Sud, lourdement pénalisée par une espérance de vie *très basse*, comme nous l'avions relevé (0,658 - 118e rang). La Chine (0,719 - 91e), qui fait mieux que ses revenus, notamment quant à l'espérance de vie, s'intercale logiquement entre l'Afrique du Sud et le Brésil (0,744 - 79e).
- Suivent, à quasi égalité, Maurice (0,771 - 63e), la Roumanie (0,785 - 54e) et la Russie (0,778 - 57e). Nous avions accordé un plus à Maurice eu égard à son ambition concernant la DAS ; dans l'indice, comme pour le Bhoutan, sa DMS, basse par rapport à celles des deux autres États, le pénalise.
- Bien que les écarts soient un peu plus importants, nous pouvons aussi regrouper Cuba (0,815 - 44e), le Qatar (0,851 - 31e) et la République tchèque (0,861 - 28e). C'est un très bon exemple de la nécessité d'observer la composition des indices, voire de les décomposer : d'une part, l'écart le plus important, Cuba - République tchèque, tient, pour l'essentiel, aux écarts de revenus, et ces deux États, comme l'indique notre classement, sont pratiquement à égalité, tant en ce qui concerne l'espérance de vie qu'en ce qui concerne l'éducation, et avec un faible retard par rapport au groupe approchant la Norvège ; d'autre part, l'indice du Qatar n'est *élevé* que parce que ses revenus sont *très élevés*, et son niveau réel, tant en espérance de vie qu'en éducation, est bien équivalent à celui de la Chine.
- Restent les six États plus proches de la Norvège. Ils se classent dans cet ordre : Allemagne (0,911 - 6e) ; Canada (0,902 - 8e) ; Islande (0,895 -13e) ; Corée du Sud (0,891 - 15e) ; France (0,884 - 20e) ; Slovénie (0,874 - 25e). Les deux premiers (10e décile) doivent leur légère avance à des revenus plus élevés. Pour le 9e et par rapport à leurs revenus, Islande et Corée du Sud précèdent la France, mais pour quelques millièmes peu significatifs. La Slovénie, dont le revenu est un peu plus faible, ferme la marche. Bref, leurs indices sont très voisins et ces États sont donc à considérer comme proches[24], entre eux, mais aussi de la Norvège.

---

[24] La mesure et son interprétation nécessitent toujours vigilance et doute. Et dans le doute, il est toujours moins grave de ne pas prendre le risque d'affirmer une différence que d'affirmer à tort cette différence.

CHAPITRE 2

A l'intérieur des États, des inégalités souvent aussi indécentes, qui amplifient encore les précédentes

Les pertes de développement humain (Tableau 4, ch. 1).

L'indice de développement humain ajusté aux inégalités (IDHI) a pour objectif de déflater l'IDH en tenant compte des inégalités dans la répartition de chaque dimension au sein de la population. L'IDHI reflète les inégalités existant dans les dimensions de l'IDH en «réduisant» la valeur moyenne de chaque dimension en fonction du niveau d'inégalité qu'elle présente. Ainsi, l'IDHI est en théorie égal à l'IDH s'il n'existe aucune inégalité entre les individus, mais il décroît pour s'éloigner de l'IDH à mesure que les inégalités augmentent. Autrement dit, l'IDHI représente le niveau réel du développement humain (qui tient compte de cette inégalité), tandis que l'on peut considérer l'IDH comme un indice de développement humain «potentiel» (ou le niveau maximum de l'IDHI) qu'il serait possible d'atteindre en l'absence de toute inégalité. C'est la différence, exprimée sous forme de pourcentage, entre l'IDH et l'IDHI, qui indique la « perte » subie par le développement humain potentiel, en raison des inégalités.

Rapport sur le développement humain 2014, PNUD

En complément à son indice de développement humain initial, qui évalue en fait un « potentiel », comme le rappelle l'encadré ci-dessus, le PNUD a mis au point l'IDHI, dont le calcul peut sembler compliqué[25], puisqu'il s'agit d'explorer les « pertes » observées dans les trois domaines qui le composent. Mais il est fiable, et montre effectivement le développement réel de chaque État, compte tenu des inégalités qui le caractérisent et, par comparaison avec son potentiel, son taux effectif de déperditions qui, notamment dans les États les plus pauvres s'avèrent considérables : il met donc aussi en évidence, s'il en était encore besoin, que les inégalités excessives sont bien le mal à combattre, et l'énorme gâchis qui pourrait être évité si elles étaient réduites. Répétons-le, nous ne visons pas un égalitarisme, qui est dénué de sens, mais une réduction des inégalités visant à l'épanouissement du plus grand nombre.

Prenons un exemple pour illustrer cela : selon les données 2013 du PNUD, l'IDH de l'ensemble de la population du globe est estimé à

[25] Il est aisé, pour le lecteur intéressé, de consulter les fiches techniques, précisant ces modalités concrètes de calcul, ainsi que les contributions à ces pertes, domaine par domaine.

0,702 (un peu moins que celui de la Chine – 0,719), mais l'IDHI, compte tenu des inégalités relevées dans les trois domaines, et des corrections effectuées sur chacun des trois sous-indices, n'atteint plus que 0,541 (celui du Brésil, dont les pertes sont encore plus importantes), subissant donc une perte globale de 22,9 % : près du quart ; et un énorme et invraisemblable gâchis, qui atteint bien évidemment les plus démunis. Mais supposons une volonté politique de la réduire de moitié, de préférence dans les trois domaines, ce qui n'entraînerait pas une intolérable misère pour la minorité aux revenus obscènes, ce serait un gain total de plus de 10 % quant au développement humain moyen de tous les habitants de la planète, et un potentiel de développement disponible totalement modifié...

Tous les IDHI des États ayant renseigné sont inférieurs aux IDH correspondants : ils ne seraient égaux que si l'égalité était parfaite, sur les trois dimensions ; et la première source de perte tient le plus souvent aux inégalités de revenus. Nous disposons des IDHI pour 15 des 20 États du corpus, les autres n'ayant pas renseigné, ou renseigné partiellement.

Les moins lourdes pertes sont, à égalité, observées en Norvège (IDHI = 0,891 ; perte de 5,6 %) et République tchèque (0,813 ; même perte) ; elles sont maximales en Haïti (0,285 ; 39,5 %). Des pertes multipliées par 7, par le seul poids de l'accroissement des inégalités. Notamment entre la Norvège et Haïti, la différence est ahurissante, et accablante : trois fois moins de développement humain en moyenne pour le second État, dont la grande part de la population, sauf les très riches, sera fortement pénalisée, et des pertes supportables dans le premier, mais qui ne pénaliseront que les plus démunis.

Selon un classement que nous avons utilisé dans une recherche antérieure mais récente (données 2011), les pertes de développement humain, pour 2013 et 15 États, se répartissent ainsi.

- Pertes *très faibles*, de 5 à moins de 10 %. Norvège et République tchèque (5,6), Islande (5,7), Slovénie (5,8) : un groupe de 4 États très resserré. Trois autres États s'en rapprochent avec des écarts un peu plus importants : Allemagne (7,1), Canada (7,6) et France (9,0).

- Pertes *faibles*, de 10 à 14 %. Roumanie (10,5), Russie (12,0) et Maurice (14,2). Au total, trois États dont les pertes gagneraient déjà à être réduites.
- Pertes *moyennes*, de 15 à 19 %. Un seul État, la Corée du Sud (17,4) Des pertes qui, quoique modérées, deviennent très lourdes pour ses populations les plus démunies.
- Pertes *fortes*, de 20 à 24 %. Un seul État, le Bhoutan, dont les pertes restent trop élevées, mais qui, néanmoins, fait mieux que l'Inde, notamment parce qu'il a tenté de mettre en place une politique plus favorable au bien-être de sa population.
- Pertes *très fortes*, de 25 % et plus. Trois États, Brésil (27,0), Inde (28,6) et Haïti (39,5). Une situation qui constitue un lourd handicap pour le Brésil, mais aussi pour l'Inde qui risque encore d'accroître ses énormes différences régionales, et totalement ingérable sans aide internationale pour Haïti.

Cinq États n'ont pu être classés : Qatar, Cuba, Afrique du Sud, Chine et Mali. Seule, la Chine avait fourni une évaluation de ses pertes globales en 2011 (22,3 %) : les données partielles qu'elle fournit sont stables et il est donc probable qu'elle se soit maintenue autour de ce taux (tous ces indicateurs sont à évolution plutôt lente), dans le groupe aux pertes *fortes*. Les quatre autres États seront à réexaminer à l'issue de l'étude spécifique concernant les inégalités de revenus, à partir d'autres instruments, dont le coefficient de Gini, si les données fournies le permettent, et l'hypothèse concernant la Chine à confirmer ou infirmer. Nous utiliserons ce classement pour un croisement.

Les inégalités entre les femmes et les hommes (Tableaux 5 et 5bis)

L'indice des inégalités de genre (IIG) traduit le désavantage des femmes dans les trois dimensions considérées, à savoir la santé de la reproduction, l'autonomisation et le marché de l'emploi, et ce pour un nombre de pays aussi important que le permettent la disponibilité et la qualité des données. L'indice indique les pertes en termes de développement humain causées par les inégalités entre femmes et hommes au regard de ces dimensions. Il varie entre 0 – situation dans laquelle les femmes ont un traitement égal aux hommes – et 1, cas dans lequel la condition des femmes est aussi mauvaise que possible quelle que soit la dimension mesurée.

Rapport sur le développement humain 2014, PNUD

Comme l'indique le texte du PNUD, l'indice regroupe donc trois dimensions (Tableau 5), représentant trois domaines, à la manière de l'IDH.

	IIG[1]		TMM[2]	TFA[3]	PRSP[4]	ESS[5]		TAME[6]	
Qatar	.524	113	7	9,5	0,1	66,7	59,0	50,8	95,6
Norvège	.068	9	7	7,8	39,6	97,4	96,7	61,5	69,5
Allemagne	.046	3	7	3,8	32,4	96,3	97,0	53,5	66,4
Canada	.136	23	12	14,5	28,0	100	100	61,6	71,2
France	.080	12	8	5,7	25,1	78,0	83,2	50,9	61,8
Islande	.088	14	5	11,5	39,7	91,0	91,6	70,6	77,3
Corée du Sud	.101	17	16	2,2	15,7	77,0	89,1	49,9	72,0
Slovénie	.021	1	12	0,6	24,6	95,8	98,0	52,3	63,5
Rép. tchèque	.087	13	5	4,9	20,6	99,9	99,7	50,1	67,8
Russie	.314	52	34	25,7	12,1	89,6	92,5	57,0	71,4
Cuba	.350	66	73	43,1	48,9	73,9	80,4	43,3	70,1
Roumanie	.320	54	27	31,0	11,6	86,1	92,0	48,5	64,7
Maurice	.375	72	60	34,8	18,8	49,4	58,0	43,5	74,3
Brésil	.441	85	56	70,8	9,6	51,9	49,0	59,5	80,9
Afrique du Sud	.461	94	300	50,9	41,1	72,7	75,9	44,2	60,0
Chine	.202	37	37	8,6	23,4	58,7	71,9	63,8	78,1
Bhoutan	.495	102	180	40,9	6,9	34,0	34,5	66,4	76,9
Inde	.563	127	200	32,8	10,9	26,6	50,4	28,8	80,9
Haïti	.599	132	350	42,0	3,5	22,5	36,3	60,6	70,8
Mali	.673	148	540	175,6	10,2	7,7	15,1	50,6	81,4
Monde. 151 États	**.451**	**-**	**145**	**47,4**	**21,1**	**54,2**	**64,2**	**50,6**	**76,7**

[1] Indice d'inégalité de genre. Données 2013. A gauche, valeur de l'indice ; à droite, rang de classement (sur 151 États). [2] Taux de mortalité maternelle (pour 100 000). Données 2010. [3] Taux de fécondité des adolescentes. Données 2010/2015. Nombre de naissances pour 1000 femmes de 15 à 19 ans. [4] Sièges au Parlement national. Données 2013. Pourcentage de femmes. [5] Population ayant suivi un enseignement secondaire ou supérieur. Données 2005/2012. A gauche, % femmes ; à droite, % hommes. [6] Taux d'accès au marché de l'emploi (population active). Données 2012. A gauche, % femmes ; à droite, % hommes.

Tableau 5. Les inégalités selon le sexe dans les 20 États

- La première, santé de la reproduction, propose un premier calcul à partir de deux indicateurs spécifiques du sexe féminin : la mortalité maternelle, définie par un taux de mortalité (pour 100000 naissances), estimé entre un minimum de 10[26] et un maximum qu'en l'état, le PNUD estime à 1000[27]; la fécondité adolescente,

[26] 10 (pour 100 000) est une valeur très faible. Pour des raisons mathématiques et eu égard au mode de calcul (recours à la moyenne géométrique), il ne peut être strictement égal à 0. Le lecteur intéressé par le mode de calcul de cet indice le trouvera aisément sur le site du PNUD.

[27] Ce maximum a été dépassé par un seul État sur l'échantillon 2013, qui en a regroupé 151. Au-delà de 1000, pour le PNUD, les États n'ont pas développé des « conditions propices et un soutien à la santé maternelle ».

définie par le taux de naissances observées chez les jeunes femmes de 15 à 19 ans, estimé entre un minimum de 1 (pour mille) et le maximum observé au moment de l'enquête. Un premier calcul permet d'établir l'indice de santé génésique chez les femmes, qui est à comparer à la valeur 0, caractérisant les hommes sur cette dimension.

- La seconde concerne l'autonomisation et s'appuie également sur deux indicateurs permettant d'établir un second indice intermédiaire. Ces deux indicateurs peuvent paraître éloignés et sont de fait très complémentaires : le premier est établi à partir de la comparaison entre les taux de femmes et d'hommes ayant eu accès à des enseignements secondaire ou supérieur ; le second compare les taux de représentation des femmes et des hommes dans leurs Parlements nationaux[28]. La synthèse permet d'établir ce second indice.
- La troisième concerne l'activité sur le marché de l'emploi des femmes et des hommes et n'est constituée que d'un seul indicateur établi à partir de la comparaison de leurs taux respectifs[29]. Il donne directement lieu à l'établissement du troisième indice.

Ces trois indices intermédiaires contribuent, à égalité, à la détermination de l'indice d'inégalité de genre (IIG). C'est un bon indice, très fiable et très sensible, facilitateur de comparaisons, à condition d'en connaître la composition, notamment lorsqu'il s'agit d'indices de valeurs moyennes qui, même égaux, peuvent représenter des situations très différentes, qu'il appartient au chercheur d'interpréter : la quantification est toujours un enrichissement, si elle est valide, mais c'est toujours le retour au qualitatif qui s'impose.

Comme pour l'indice de développement humain, la synthèse de ces diverses données est extrêmement intéressante, et fournit notamment un classement général des États, mais ne dispense pas

[28] Comme précédemment, pour des raisons mathématiques, le PNUD a fixé une valeur minimale légèrement différente de 0 : pour ces taux, 0,1 %. Nous la rencontrerons à propos du Qatar et pour sa représentation parlementaire estimée à 0,1 %. Cela signifie qu'aucune femme n'y siège.

[29] Toujours pour des raisons mathématiques, un taux minimal, fixé ici à 0,1 %, s'impose. Il signifierait que, dans l'État considéré, aucune femme n'exerce une activité sur le marché de l'emploi.

d'un retour vers ses diverses composantes, pour comprendre où s'effectuent, et avec quelle intensité, les diverses formes d'inégalités. Et deux indices, fussent-ils de même valeur numérique, peuvent, de fait, correspondre à des réalités profondément différentes.

Dans l'enquête 2013 du PNUD, l'indice des inégalités de genre (IIG) a pu être calculé sur 151 États. Le premier, la Slovénie, a obtenu le plus faible score, 0,021, devançant notamment la Suède[30], qui était auparavant première et prend désormais la 4e place. Le 151e, le Tchad, enregistre les inégalités globales les plus fortes, avec un score de 0,707 (il était 145e sur 146 dans le classement précédent). L'indice mondial moyen est très élevé (0,451) et correspond à des situations très inégalitaires. En fait, l'IIG révèle et met au jour des inégalités entre femmes et hommes qui sont souvent restées très sous-estimées (Tableau 5bis).

	IDH[1]		EV[2]		DMS[3]		DAS[4]		RNB/h[5]	
Qatar	.838	.856	79,5	77,8	10,1	8,7	14,0	13,9	45 863	141 468
Norvège	.940	.943	83,6	79,4	12,7	12,6	18,2	16,9	56 994	70 807
Allemagne	.892	.928	83,1	78,3	12,6	13,3	16,2	16,4	33 028	53 445
Canada	.893	.906	83,6	79,3	12,3	12,2	16,2	15,4	34 612	49 272
France	.878	.888	85,2	78,3	10,9	11,4	16,3	15,6	29 580	44 139
Islande	.883	.899	83,9	80,3	10,8	10,0	19,9	17,6	27 612	42 520
Corée du Sud	.860	.915	84,8	78,1	11,1	12,5	16,1	17,8	21 795	38 990
Slovénie	.876	.871	82,8	76,4	11,8	12,0	17,9	15,8	21 762	31 916
Rép. tchèque	.844	. 871	80,7	74,6	12,1	12,5	16,9	15,9	16 233	33 098
Russie	.792	.763	74,4	61,8	11,7	11,8	14,5	13,5	18 228	27 741
Cuba	.796	.827	81,3	77,3	10,1	10,3	15,1	13,9	13 302	26 319
Roumanie	.771	.793	77,5	70,3	10,4	11,0	14,5	13,7	12 005	23 148
Maurice	.750	.784	77,1	70,3	8,0	9,1	15,9	15,2	10 980	22 726
Brésil	-	-	77,6	70,4	7,3	7,2	-	-	10 851	17 813
Afrique du Sud	-	-	58,8	54,7	9,8	10,1	-	-	8 539	15 233
Chine	.696	.740	76,7	74,1	6,9	8,2	13,0	12,8	9 288	13 512
Bhoutan	-	-	68,7	68,0	-	-	12,5	12,3	5 419	7 942
Inde	.519	.627	68,3	64,7	3,2	5,6	11,3	11,8	2 277	7 833
Haïti	-	-	65,0	61,2	3,2	6,7	-	-	1 349	1 930
Mali	.350	459	54,9	55,1	1,4	2,6	7,6	9,6	914	2 076
Monde. 151 États	**.655**	**.712**	**73,0**	**68,8**	**6,0**	**7,4**	**12,0**	**12,3**	**8 956**	**18 277**

[1] Valeur de l'indice de développement humain, données 2013. A gauche, femmes ; à droite, hommes. [2] Espérance de vie à la naissance, données 2013, en années. A gauche, femmes ; à droite, hommes. [3] Durée moyenne de scolarisation des adultes, données 2002/2012, en années. A gauche, femmes ; à droite, hommes. [4] Durée attendue de scolarisation des jeunes, données 2000/2012, en années. A gauche, femmes ; à droite, hommes. [5] Estimation du revenu national brut par habitant, données 2013, US$ PPA. A gauche, femmes ; à droite, hommes..

Tableau 5 bis. Les inégalités selon le sexe dans les 20 États (suite)

[30] C'est l'une des raisons pour lesquelles nous avons retenu cet État dans notre échantillonnage.

Qu'en est-il dans notre échantillon de 20 États ? La dispersion des indices des inégalités de genre est forte, puisque nous avons retenu à la fois la Slovénie évoquée ci-dessus (1er rang mondial) et le Mali, qui occupe le 148e rang, avec un score de 0,673 un peu inférieur à celui du Tchad. Sans doute renforce-t-elle un peu les extrêmes, et c'est probablement la conséquence du choix d'un échantillon contrasté. Si l'on se réfère à une classification que nous avons ultérieurement utilisée (données 2011), ces 20 États, selon l'IIG, se répartissent en cinq groupes.

A – Moins de 0,080 : les trois États *très égalitaires*. Slovénie (0,021 - rang mondial n°1), Allemagne (0,046 - rang 3) et Norvège (0,068 - rang 9). Tous ces États obtiennent des résultats favorables ou très favorables sur les trois dimensions. Le taux de mortalité maternelle est de moins de 10 pour 100 000 (moins de sa valeur minimale) pour l'Allemagne (3) et la Norvège (7), et un peu plus élevé pour la Slovénie (12) ; mais la Slovénie compense nettement avec le taux de fécondité des adolescentes le plus bas (0,6 ‰), tandis que l'Allemagne et la Norvège restent également à des taux très bas (dans l'ordre, près de 4 et 8 ‰). Leurs résultats en ce qui concerne les accès au secondaire ou au supérieur sont tous excellents : des taux élevés et très voisins, autour de 97 % pour les femmes et les hommes en Norvège et en Allemagne, très proches en Slovénie (96 % pour les femmes et 98 % pour les hommes) ; et ces États figurent aussi parmi ceux qui au niveau de la planète, ont des représentations parlementaires féminines plus élevées, mais les taux restent cependant modestes : le meilleur, celui de la Norvège, approche 40 %, l'Allemagne n'est qu'à 32 % et la Slovénie approche 25 %. Enfin, sur la dimension accès au marché de l'emploi, ils se rapprochent de la parité femmes – hommes : 62 et 70 % en Norvège, 52 et 63 en Slovénie, un écart un peu plus élevé en Allemagne, 53 et 66 %. Certes, ces États nous montrent le chemin, mais ils pourraient encore mieux faire, quant à l'accès à l'emploi et, surtout, en matière de représentation parlementaire.

B – 0,080 à moins de 0,160 : cinq États *égalitaires*. France (0,080 - 12e), République tchèque (0,087 - 13e), Islande (0,088 - 14e), Corée du Sud (0,101 - 17e) et Canada (0,136 – 23e). Les indices des trois premiers cités sont très proches et révèlent, selon les dimensions, des contributions assez peu éloignées ou qui se compensent : très faibles taux de mortalité maternelle (France : 8 pour 100 000 ; Islande et République tchèque : 5) et très faibles taux de fécondité des adolescentes en France (moins de 6 ‰) mais plus élevés en Islande (11 ‰) ; à l'inverse, représentation parlementaire plus forte en Islande (40 %), la France se situant en intermédiaire (25 %) et la République tchèque en léger retrait (21%), tandis que les trois États se situent en bonne position quant aux taux de scolarisation en secondaire ou supérieur : égalité parfaite, à près de 100 %, pour femmes et hommes en République tchèque, même égalité (91 et 92 %) en Islande et léger écart en France (78 et 83 %) ; et les situations quant aux taux d'accès à l'emploi marquent aussi de légères différences : meilleure situation en Islande avec un écart de 6 points entre femmes (71 %) et hommes (77 %), situation plus intermédiaire en France (écart de 11 points : 51 et 62 %), encore un peu plus contrastée en République tchèque (18 points : 50 et 68 %). Entre la France, l'Islande et la République tchèque, on note certes des différences, que pondère l'indice, et qui confirment aussi que ces trois États sont sans doute en capacité de rejoindre le groupe précédent. Le Canada et la Corée du Sud sont en décalage et apparaissent plus contrastés. Par rapport aux États précédents, le Canada est surtout en décalage en ce qui concerne la mortalité maternelle un peu plus élevée (12/100 000), ainsi que la fécondité des adolescentes (14,5 ‰) ; les autres résultats sont dans la lignée des précédents quant à la représentation parlementaire (28 % de femmes) et les taux d'accès à l'emploi selon le sexe (écart de moins de 10 points, 62 % pour les femmes et 71 % pour les hommes), et même excellents quant aux taux de fréquentation des enseignements secondaire ou supérieur : nous le voyons assez proche de l'Allemagne ou de la France par exemple, et même en avance sur certains points. La Corée du Sud est dans une situation différente et se partage entre des résultats excellents et d'autres, beaucoup plus médiocres, selon les dimensions ou les indicateurs : une mortalité maternelle (16/100.000) un peu moins bonne et le taux de fécondité des adolescentes le plus bas de l'ensemble du groupe (un peu plus de 2‰) ; un résultat honorable quant aux taux de scolarisation en secondaire ou supérieur (un écart un peu élevé, 12 points, malgré un bon niveau : 77 % pour les femmes et 89 % pour les hommes), mais une très maigre représentation parlementaire des femmes (moins de 16 %) ; enfin, en revanche, un assez faible résultat sur une dimension importante, celle de l'accès à l'emploi : un écart de 22 points entre les femmes (50 %) et les hommes (72 %). Le choix d'un mouvement vers l'égalité, dans ses multiples dimensions, semble plus déterminé au Canada qu'en Corée du Sud.

C - 0,160 à moins de 0,230 : un seul État *intermédiaire,* la Chine (0,202 - 37e). La baisse est sensible par rapport aux deux groupes précédents, notamment en ce qui concerne les deux premières dimensions. En santé génésique, c'est surtout la mortalité maternelle qui progresse assez nettement, passant à 37 pour 100 000, tandis que la fécondité des adolescentes (moins de 9 ‰) reste au niveau égalitaire ; mais c'est sans doute une conséquence de la politique familiale dans son ensemble. La place des femmes quant à la représentation parlementaire reste aussi dans la norme des résultats précédents (23 %) mais la proportion de femmes ayant suivi un enseignement secondaire ou supérieur (59 %) reste faible et nettement inférieure, de 13 points, à celle des hommes. En revanche, pour l'accès à l'emploi (femmes : 64 % ; hommes : 77 %) l'écart, de 13 points, est un peu inférieur à l'écart mondial moyen, qui atteint 16 points. En Chine, le choix de l'égalité entre les femmes et les hommes, sur l'ensemble des dimensions, semble encore incertain, ou hésitant[31].

D – 0,230 à moins de 0,400: quatre États *inégalitaires*. Russie (0,314 - 52e), Roumanie (0,320 - 54e), Cuba (0,350 - 66e), Maurice (0,375 – 72e). Les taux de mortalité maternelle de la Roumanie (27 pour 100 000) et de la Russie (34 pour 100 000) restent au niveau de celui de la Chine, mais ceux de Maurice et Cuba font un nouveau bond (dans l'ordre, 60 et 73 pour 100 000), et tous les taux de fécondité des adolescentes s'accroissent nettement ou très nettement par rapport à tous ceux des groupes précédents : dans l'ordre, 26 ‰ en Russie, 31 ‰ en Roumanie, 35 ‰ à Maurice et 43‰ à Cuba. La part d'indice qui en résulte ne peut que croître, et accroître l'indice des inégalités de genre dans son ensemble.

---

[31] La Chine détient un record étonnant dans le domaine des inégalités filles – garçons. En liaison avec sa politique volontariste concernant les taux de natalité, y sont actuellement déclarées 119 naissances de garçons pour 100 naissances de filles. Or, selon les démographes, la « moyenne naturelle » ne peut dépasser 103 à 107 garçons pour 100 filles.

Concernant l'accès des populations à des enseignements secondaire ou supérieur, les situations diffèrent selon les États. Celles de Cuba (74 % pour les femmes et 80 % pour les hommes) et de la Roumanie (86 % pour les femmes et 92 % pour les hommes), avec un même écart de 6 points, mais davantage encore celle de la Russie (femmes : 90 % ; hommes : près de 93 %), avec un écart de moins de 3 points, sont des situations égalitaires : sans doute parce qu'il a fallu, dans ces États comme dans d'autres, accroître les compétences des femmes, pour répondre aux besoins d'emplois du secteur tertiaire, dès la fin de la seconde guerre mondiale ; celle de Maurice est plus inégalitaire : d'une part les taux sont nettement moins élevés (femmes : 49 % ; hommes : 58 %), et l'écart, de 9 points, plus accentué. Très variés, les taux de représentation féminine dans les Parlements nationaux, renforcent la bonne réussite de Cuba (49 %) sur cette dimension, diminuent au contraire celles de la Roumanie et de la Russie (l'un et l'autre à 12%) ; pour Maurice, dans lequel ce taux est de 19 %, les contributions des deux indicateurs sont plus équilibrées.

Les taux d'accès à l'emploi partagent ces États en deux groupes. D'une part, la Roumanie et la Russie, qui observent des écarts proches, et proches des écarts moyens mondiaux de 16 points : la Roumanie, avec un taux d'emploi des femmes de près de 49 % pour un taux d'emploi des hommes de 65 %, donc un écart égal à l'écart mondial, la Russie avec un écart un peu plus faible de 14 points (femmes : 57 % ; hommes : 71 %), très proche de celui de la Chine. Tant à Cuba qu'à Maurice, les écarts franchissent un pas important : un écart de 27 points à Cuba (femmes : 43 % ; hommes : 70 %) et de 31 points à Maurice (dans l'ordre, près de 44 et 74 %). Notamment sur cette dimension, les deux premiers États sont *inégalitaires*, mais moins inégalitaires que les seconds.

Dans ces quatre États *inégalitaires*, il est très difficile de cerner une politique claire quant au problème bien réel des inégalités hommes-femmes. Mais y en a-t-il réellement une, comme il semble y avoir le souci d'élever globalement le niveau de vie et d'éducation des populations, notamment en Roumanie ou à Cuba ?

E - 0,400 et plus : sept États *très inégalitaires*. Brésil (0,441 - 85e), Afrique du Sud (0,461 - 94e), Bhoutan (0,495 - 102e), Qatar (0,524 - 113e), Inde (0,563 - 127e), Haïti (0,599 - 132e), Mali (0,673 -

148e). Ces sept États se répartissent sur l'ensemble de l'échelle des revenus, du plus riche, le Qatar à l'un des plus pauvres, le Mali.

Le Qatar, au premier rang mondial quant aux revenus par habitant, constitue un cas atypique, mais il n'est pas le seul au niveau planétaire. De fait, son assise politique repose sur les inégalités : entre les Qataris et les non Qataris, très durement exploités dans le cadre du développement économique du pays ; entre les hommes et les femmes du Qatar, pour des raisons culturelles qui leur appartiennent. Les femmes y ont peu de problèmes avec leur santé génésique : la mortalité maternelle est faible (7 pour 100 000 naissances) et le taux de fécondité des adolescentes assez bas (9,5 ‰), presque comme en Norvège par exemple ; au Qatar, les soins médicaux sont gratuits, bien que les moyens des nationaux soient très élevés. En éducation, même si les taux d'accès au niveau secondaire ou supérieur restent encore inférieurs à ceux d'autres États du 10e décile (67 % pour les filles ; 59 % pour les garçons), ils sont meilleurs pour les filles : l'enseignement est gratuit, et l'accès au supérieur croît, même s'il reste strictement séparé en fonction du sexe. Mais sur les deux autres indicateurs, la ségrégation est à son summum : aucune femme dans son Parlement qui n'est que consultatif, ce qui abaisse la valeur de l'indice d'autonomisation ; et des taux d'accès au marché de l'emploi qui varient presque du simple au double (51 % pour les femmes ; près de 96 % pour les hommes). Au Qatar, il ne semble pas que le problème des inégalités femmes – hommes se pose, ni qu'il soit à la veille de se poser : c'est une monarchie absolue, qui importe sans vergogne la main d'œuvre essentiellement masculine dont elle a besoin, et s'en défait au plus vite pour la remplacer par d'autres arrivants, qui défend son identité en privilégiant les siens et les fils des siens. Un exemple nous paraît significatif : au Qatar on devient Qatari si son père est Qatari; mais on ne devient pas Qatari si seule la mère est Qatari.

L'Afrique du Sud et le Brésil ont des revenus assez proches et non négligeables (8e décile). Ils ont aussi, nous semble-t-il, une même aspiration à faire reculer la misère de leurs peuples, et les inégalités qu'ils connaissent encore, dont les inégalités de genre. L'un et l'autre marquent des indices très élevés : un taux de mortalité maternelle *élevé* pour le Brésil (56 pour 100 000) et *extrêmement élevé* pour l'Afrique du Sud (300 pour 100 000), sans doute lié à un mauvais système général de santé, héritage de l'apartheid : à l'inverse, un taux de fécondité des adolescentes un peu plus faible mais encore très élevé en Afrique du Sud (51 ‰) et plus élevé au Brésil (71 ‰) : des résultats qui restent à améliorer. Les taux de leurs populations, féminine ou masculine, ayant accédé à des enseignements secondaire ou supérieur sont assez bien équilibrés, et plus élevés en Afrique du Sud (femmes : 73 % ; hommes : 76 %) qu'au Brésil (dans l'ordre, 52 et 49 %) ; et leurs représentations parlementaires marquent des variations de même sens mais nettement plus accentuées, 41 % de femmes en Afrique du Sud et un peu moins de 10 % au Brésil : l'Afrique du Sud compense son handicap quant à la santé génésique. Enfin, les taux d'accès à l'emploi marquent des écarts qui sont sensiblement de même ordre, mais l'accès lui-même, pour les femmes comme pour les hommes, reste plus difficile en Afrique du Sud (dans l'ordre, 44 et 60 %) qu'au Brésil (60 et 81 %). Notamment en ce qui concerne ces fortes inégalités selon le sexe, ces deux États ont encore devant eux un long chemin, l'Afrique du Sud plus que le Brésil en ce qui concerne la dimension santé, qui devrait relever de l'aide internationale. Mais ils en sont capables. Et quel magnifique exemple ce serait, pour leurs régions respectives et pour le BRICS.

Nous n'avons pas voulu dissocier les quatre derniers États *très inégalitaires* – Bhoutan, Inde, Haïti et Mali -, bien que les différences y soient parfois importantes. Certes, le Bhoutan observe la mortalité maternelle la moins élevée (180 pour 100 000, 25 fois plus que le Qatar ou la Norvège), devançant très légèrement l'Inde (200/100 000), et surtout Haïti (350/100 000) ou le Mali (540/100 000) : des nombres ahurissants ; les taux de fécondation des adolescentes, encore trop élevés en Inde (33 ‰) et au Bhoutan ou en Haïti (41 et 42 ‰), font un énorme bond au Mali (176 ‰). Dans les quatre États, les politiques vis-à-vis de l'autonomisation sont totalement insuffisantes : le Bhoutan, concernant le niveau d'éducation de sa population met femmes et hommes à égalité, mais l'accès au secondaire ou supérieur reste le fait minoritaire d'à peine plus du tiers d'entre eux, tandis que leur Parlement ne compte que 7 % de femmes ; en Inde, seules 27 % des femmes adultes ont eu accès à des enseignements secondaire ou supérieur contre 50 % des hommes, et leur Parlement ne compte que 11 % de femmes ; l'écart concernant les enseignements secondaire et supérieur est un peu plus faible en Haïti (22 et 36 %), mais très supérieur à l'écart moyen de 10 points, et la représentation parlementaire des femmes se limite à 3,5 % ; enfin, le Mali, dont le Parlement compte 11 % de femmes, n'a assuré l'accès à ses enseignements secondaire ou supérieur qu'à moins de 8 % de sa population féminine adulte, pour 15 % d'hommes. Concernant l'accès à l'emploi, des écarts apparaissent dans les quatre États : ils restent cependant inférieurs à l'écart mondial moyen de 16 points au Bhoutan (femmes : 66 % ; hommes : 77 %) et en Haïti (dans l'ordre, 61 et 71 %) mais, déjà assez invraisemblables au Mali (51 % pour les femmes et 81 % pour les hommes), ils atteignent la démesure en Inde (dans l'ordre, 29 et 81 %). Certes, les quelques avancées, comme celle du Bhoutan, ne sont jamais négligeables, notamment pour les peuples qui en bénéficient ; mais elles ne peuvent masquer que le Bhoutan, Haïti, l'Inde et le Mali sont d'abord assez représentatifs du tiers des États de la planète dans lesquels les inégalités entre hommes et femmes constituent le fléau majeur, alors que rien ne les justifie. Il faut les condamner, mais aussi les éradiquer, pour la survie de la planète et de l'humanité. Et les peuples qui les subissent doivent en premier se mobiliser, mais ont besoin d'une aide internationale, qui ne peut relever que de la solidarité, voire du solde de dettes antérieures.

De surcroît, ces différences quant aux degrés d'inégalités ne sont pas sans incidence sur l'indice de développement humain (IDH) des femmes et des hommes[32], à travers les éléments qui contribuent à l'établir : revenus nationaux bruts par habitant (RNB/h) pour le niveau de vie, espérance de vie pour santé et longévité (EV), durée moyenne de scolarisation des adultes (DMS) et durée attendue de scolarisation des jeunes (DAS) pour le niveau d'instruction.

En fonction des données 2013, les moyennes mondiales qu'établit le PNUD, et qui nous serviront de repères, sont en elles-mêmes assez impressionnantes. L'IDH, pour les femmes, atteint la valeur de 0,655, mais s'élève à 0,712 pour les hommes, ce qui représente,

---

[32] Dans son Rapport 2014, le PNUD, pour la première fois, distingue les valeurs, selon qu'il s'agit des femmes ou des hommes. C'est une avancée, qu'il faut saluer. Et ce sont des données qui mériteraient très large utilisation, notamment par les économistes libéraux, qui continuent de prétendre qu'il suffit d'accroître le PIB pour que les richesses se redistribuent, mécaniquement. Lisons aussi, par exemple, Thomas Piketty.

pour les femmes, une perte de potentiel humain non négligeable de 8 %, qui varie bien évidemment selon les États, et atteint davantage les États les plus pauvres, notamment si, de surcroît, ils sont inégalitaires ou très inégalitaires : parmi les États ayant renseigné quant à l'IDH selon le sexe, les plus touchés par cette perte dont sont victimes les femmes, ce sont l'Inde (17 %) et le Mali (24 %).

- L'espérance de vie est le seul indicateur pour lequel on observe une moyenne mondiale favorable aux femmes : 73 ans et 68,8 ans pour les hommes, soit un écart de 4,2 ans, et un gain d'environ 6 %. La plupart des États restent assez proches de cet écart. Mais l'écart se creuse encore pour certains, notamment pour Cuba[33]; à l'inverse, il se resserre pour d'autres et notamment pour le Mali, dans lequel l'espérance de vie des femmes et des hommes est quasi identique (55 ans), notamment à cause de la mortalité maternelle.
- A l'inverse, le niveau d'instruction, qui intègre DMS et DAS, reste plus favorable aux hommes : une DMS moyenne de 7,4 ans pour une DMS des femmes de 6 ans, soit une perte de 19 %, mais une DAS beaucoup plus équilibrée (12 ans pour les filles et 12,3 ans pour les garçons), et une légère perte pour les filles, de l'ordre de 2,5 %. Au total, sur la part d'indice, une perte moyenne de l'ordre de 10 à 11 %, qui fait pour partie équilibre avec les gains en espérance de vie, et explique la perte relative observée quant à l'IDH. Là encore, et notamment pour la DMS, la conjugaison de la pauvreté et des inégalités est extrêmement lourde pour les femmes: 43 % de perte par rapport aux hommes en Inde ; 52 % en Haïti et 46 % au Mali.
- Mais, surtout, on a peine à croire aux abyssales différences qui séparent les moyennes mondiales des RNB/h des femmes (8 956$) et des hommes (18 277$), et sont pourtant bien réelles : un peu plus du double pour les seconds et une perte de 51 % pour les premières. Incroyable et indécent à la fois. Et une dispersion, sur laquelle nous reviendrons plus loin lors de l'étude portant spécifiquement sur les inégalités de revenus, qui s'étend de 21 % en Norvège, l'un des États les plus égalitaires de la planète, suivi du Canada dont se rapprochent la plupart des États aux inégalités faibles ou très faibles, à 71 % en Inde, que précèdent quelque peu

[33] Il serait évidemment intéressant d'en rechercher les raisons...

le Qatar et le Mali : hallucinant, même si la corrélation n'est bien évidemment pas parfaite ! Mais en même temps, si les conditions de vie offertes à la quasi totalité des femmes du Mali ou de l'Inde notamment, et à celles de bien d'autres États que nous n'avons pas pris en compte dans cet échantillonnage, sont totalement indécentes et inacceptables, cela ne peut faire oublier les millions de femmes qui, y compris dans les États les plus riches, connaissent des situations comparables, mais moins visibles parce qu'elles concernent toujours les plus défavorisées, qui y sont moins nombreuses.

Pour les 20 États, réparties en cinq classes[34], les pertes de revenus des femmes par rapport à ceux des hommes se répartissent ainsi :

- 33 % et moins. Bhoutan (32), Canada (30), Chine (31), France (33), Haïti (30), Norvège (21), Slovénie (32) ;
- 34 % à 43 %. Allemagne (38), Brésil (39), Islande (35), Russie (34) ;
- 44 % à 55 %. Afrique du Sud (44), Corée du Sud (44), Cuba (49), Maurice (52), République tchèque (51), Roumanie (48) ;
- 56 % à 65 %. Mali (56) ;
- 66 % et plus. Inde (71), Qatar (68).

Ce classement sera utilisé plus loin.

Inégalités de genre et pertes de développement humain

Comme nous venons de le montrer, les inégalités selon le sexe pèsent lourdement sur l'ensemble des dimensions du développement humain, et notamment sur les inégalités de revenus entre les hommes et les femmes, particulièrement insupportables lorsqu'elles concernent des populations pauvres ou très pauvres. Et les hommes restent au total gagnants, même lorsque les inégalités de genre sont au plus bas : *a minima* de 20 % en ce qui concerne les revenus en Norvège. Au plus, ils sont perdants en espérance de vie, mais pour de multiples causes, et regagnent du terrain dès que les inégalités de genre progressent. Ils ont parfois un léger retard

[34] Les pertes faibles les moins élevées sont de l'ordre du tiers ou moins, les plus élevées de l'ordre des deux tiers ou plus ; les trois autres classes sont approximativement réparties de façon gaussienne. Nous n'avons pas nommé ces pertes, pour ne pas appeler très faibles des pertes assez considérables, puisqu'elles approchent le tiers.

par rapport aux femmes en matière d'éducation, mais des travaux récents et convaincants montrent qu'ils regagnent alors le terrain provisoirement perdu quelques années après leur entrée sur le marché de l'emploi[35]. Bref, ils ne peuvent qu'être gagnants-gagnants, plus ou moins gagnants, selon que les femmes sont plus ou moins perdantes : pour elles, dans tous les cas, une double peine, mais plus ou moins accentuée, et difficile à justifier, car totalement injustifiable.

En fait, les pertes de développement humain, dont nous avons vu le gâchis qu'elles peuvent représenter – près de 29 % en Inde et de 40 % en Haïti -, se distribuent toujours inégalement entre les hommes et les femmes puisqu'aucun IIG n'est strictement égal à 0, mais d'autant plus inégalement au fur et à mesure que l'IIG s'accroît, jusqu'à devenir totalement insupportables, au Mali par exemple. C'est ce que nous voudrions éclairer par quelques exemples, en croisant leurs deux classements.

		Pertes de développement humain				
		Très faibles	**Faibles**	**Moyennes**	**Fortes**	**Très fortes**
Inégalités de genre	**Très faibles**	6-Norvège 14-Allemagne 36-Slovénie				
	Faibles	19-Canada 25-France 26-Islande 42-R. tchèque		33-Corée du S.		
Devant chaque État figure le rang de classement de ses revenus (sur 187 États)	**Moyennes**				88-Chine*	
	Fortes		46-Russie 62-Roumanie 66-Maurice			
	Très fortes				118-Bhoutan	76-Brésil 130-Inde 165-Haïti

.* Données 2011. États non classés : 1-Qatar ; 56-Cuba ; 84-Afrique du Sud ; 171-Mali

Au total, 16 États sur 20 sont classés, dont la Chine à partir de pertes de développement humain de 2011. Pour les quatre États dont les pertes ne sont pas connues et difficilement estimables,

[35] Cf. « Les inégalités de genre, mais aussi les autres, dans l'UE et le BRICS ou ailleurs », Inégalités entre sexes dans la famille, à l'école et au travail : approches comparées, E. Gamess, D. Groux, G. Langouët, N. Mosconi (dir.), *La Revue Française d'Éducation Comparée*, n°13, L'Harmattan, 2015, pp. 33-57.

celles-ci sont inégalement réparties entre les femmes et hommes de Cuba, et encore plus inégalement dans les trois autres États.

- Six sont en cohérence *forte* et présentent, en même temps, des situations totalement opposées (diagonale en grisé foncé). La Norvège, avec une coudée d'avance, notamment parce qu'elle réduit davantage les inégalités de revenus ; l'Allemagne et la Slovénie, qui la suivent de peu, ont non seulement les pertes de développement humain les plus faibles, mais les partagent moins inégalement, entre femmes et hommes, que tous les autres États de ce groupe : des inégalités hommes-femmes que rien ne justifie, mais, pour le reste, des inégalités dont l'ampleur reste tolérable ou acceptable. Le Brésil, plus riche et dans lequel les inégalités peuvent apparaître plus supportables, mais surtout l'Inde et Haïti, ont non seulement les pertes les plus élevées, mais les partagent encore plus inégalement que tous les autres : des inégalités intolérables, et insoutenables, parce qu'elles entravent gravement le développement humain, particulièrement celui des plus démunis.
- Sept sont en cohérence plus atténuée (rectangles en grisé moyen). Parmi eux, cinq se classent un peu moins bien par rapport au genre que par rapport aux pertes de développement humain : d'une part, le Canada, la France, l'Islande et la République tchèque, qui se rapprochent du groupe « Norvège »[36] ; d'autre part, le Bhoutan qui, malgré de fortes inégalités entre hommes et femmes, diminue quelque peu ses pertes de développement humain, et s'éloigne ainsi de l'Inde, son immense voisin ; les deux autres font, en quelque sorte, le chemin inverse : la Corée du Sud, dont les pertes de développement humain sont moyennes, les corrige, au moins partiellement, en produisant des inégalités de genre faibles, de même que la Chine qui, à des pertes fortes, associe des inégalités de genre moyennes.
- Les trois autres (grisé clair), Russie, Roumanie et Maurice, se classent en plus forte discordance. Ils ont en commun d'avoir produit d'assez faibles pertes de développement humain, qui gagneraient cependant à être encore abaissées, parce qu'ils ont conduit des politiques d'accompagnement de leurs populations,

---

[36] Le Canada, la France et l'Islande, se rapprochent notamment de la Slovénie en ce qui concerne les inégalités de revenus femmes/hommes, et font mieux que l'Allemagne.

notamment quant à la santé et à l'éducation ; mais ils redistribuent ces pertes de façon fortement inégalitaire, au grand détriment des femmes : un choix qui paraît bien difficile à justifier.

Ces inégalités entre les femmes et les hommes pèsent très lourd, sur la santé et l'éducation des femmes elles-mêmes, mais aussi sur les revenus des personnes et des ménages, et plus encore sur les familles monoparentales, qui sont très majoritairement sous la responsabilité de femmes, et dont les enfants subissent durement ces profondes injustices. Il faut les faire reculer puis disparaître, car elles sont indignes de l'humanité.

Dans les États, les distributions des revenus, quelles inégalités ?

Nous venons de le voir à propos des inégalités de revenus entre les femmes et les hommes, ces inégalités, parfois gigantesques, engendrent des pertes considérables de notre bien le plus précieux, le développement humain. Et elles ne viennent que se surajouter aux inégalités de revenus, qui sont elles-mêmes énormes et concernent aussi bien les hommes que les femmes.

Nous avons, en introduction, cité quelques exemples d'entassements de revenus et de richesses, qui dépassent l'imagination et suscitent ou devraient susciter l'indignation permanente. Car les revenus des très riches, des grands banquiers ou du grand patronat par exemple, qui découlent bien peu des seuls salaires, même lorsqu'ils sont pourtant exorbitants, ni même du travail accompli en vue d'une production effective favorisant le développement humain de tous, mais, le plus souvent, d'opérations purement financières, de ventes ou reventes fictives et de spéculations hardies, voire douteuses. Mais c'est même, dans de nombreux cas et pour certains États, toute la hiérarchie de l'ensemble de l'échelle des revenus qui est à reprendre.

Pour examiner les distributions de revenus parmi les populations d'un État, il faut un indicateur simple et fiable : le revenu national brut par habitant (RNB/h) par exemple, exprimé en dollars PPA (parité de pouvoir d'achat) afin de permettre les comparaisons internationales. Pour évaluer les inégalités de distribution des revenus, deux méthodes essentielles sont proposées :

- l'une consiste à dissocier les populations selon une échelle donnée, par exemple en déciles (10 %) et à rendre compte d'un écart de revenus, par exemple entre le premier décile (les 10 % les plus pauvres) et le dixième (les 10 % les plus riches). Plus le rapport est élevé, et plus la distribution est inégalitaire[37] ;

- l'autre consiste à calculer un indice bien connu des économistes, le coefficient de Gini, que nous présenterons plus loin et qui est très opératoire, notamment lorsqu'il est accompagné du rapport entre les déciles extrêmes évoqué ci-dessus.

Mais prenons un exemple simple pour montrer les conséquences de distributions plus ou moins inégalitaires sur les populations les plus modestes. Dans notre échantillon, la Roumanie, Maurice et le Brésil ont des RNB/h qu'on peut considérer comme proches : dans l'ordre, en arrondis, 17 400$, 16 800$ et 14 300$. Mais les rapports entre les déciles extrêmes sont assez différents : 7 en Roumanie, 11 à Maurice et 33 au Brésil[38]. Selon qu'ils appartiennent au premier décile (le plus pauvre) ou au dixième (le plus riche), nous pouvons estimer que les habitants de Roumanie bénéficieront de revenus moyens annuels évoluant de 6 600 à 46 000 dollars, ceux de Maurice de 5 000 à 56 000 dollars, et ceux du Brésil de 2 500 à 82 000 dollars : 18 dollars par jour, en moyenne, pour les 10 % de Roumains les plus pauvres, moins de 7 pour les mêmes Brésiliens. Et qu'en est-il pour les Haïtiens ? Un RNB/h de 1 600$ et un rapport de 37 : environ 9 700$ pour le 10e décile, et 260$ pour le 1er, moins d'un dollar par jour ; le revenu des plus pauvres d'entre eux divisé par 10 par rapport à celui de leurs homologues brésiliens, eux-mêmes déjà très défavorisés par rapport à leurs équivalents Mauriciens ou Roumains : plutôt que de commenter, ne faudrait-il pas hurler, ou crier à l'absurde ?

[37] D'autres méthodes intéressantes sont proposées à partir de ce modèle, par exemple le ratio de Palma, qui étudie le rapport entre les revenus des 10 % les plus riches et ceux des 40 % les plus pauvres, et doit son nom à Gabriel Palma, économiste chilien.

[38] 33 peut paraître un rapport élevé. Il l'est, mais au niveau mondial sont observés des rapports encore plus élevés, atteignant ou dépassant la centaine.

Inégalités de revenus. Le coefficient G de Gini (Tableau 6)

	Quintiles[1]	Ratio de Palma[2]	G Gini[3]	
Qatar	**13,3**	**-**	**.411**	**21**
Norvège	**-**	**-**	**.258**	**6**
Allemagne	**-**	**-**	**.283**	**7**
Canada	**-**	**-**	**.326**	**10**
France	**5,6**	**-**	**.289**	**9**
Islande	**-**	**-**	**.240**	**5**
Corée du Sud	**4,7**	**-**	**.316**	**8**
Slovénie	**4,8**	**-**	**.312**	**8**
Rép. tchèque	**-**	**-**	**.249**	**5**
Russie	**7,3**	**1,9**	**.401**	**12**
Cuba	**-**	**-**	**.410**	**12**
Roumanie	**4,1**	**1,0**	**.274**	**7**
Maurice	**-**	**-**	**.359**	**11**
Brésil	**20,6**	**4,3**	**.547**	**33**
Afrique du Sud	**25,3**	**7,1**	**.631**	**41**
Chine	**10,1**	**2,1**	**.421**	**16**
Bhoutan	**6,8**	**1,7**	**.381**	**11**
Inde	**5,0**	**1,4**	**.339**	**8**
Haïti	**-**	**-**	**.592**	**37**
Mali	**5,2**	**1,3**	**.330**	**8**

[1] Rapport des quintiles de revenu. Valeur du rapport entre le premier et le cinquième. Dernières données disponibles au PNUD. [2] Rapport entre la part de revenu attribuée aux 10 % les plus riches et celle attribuée aux 40 % les plus pauvres. [3] Coefficient G de Gini. A gauche, valeur (entre 0 et 1) ; à droite, valeur estimée du rapport entre le premier et le dixième décile. Dernières données disponibles au PNUD.

Tableau 6. Les inégalités de répartition des revenus dans les 20 États. Quintiles, ratio de Palma et coefficients G de Gini

Parmi nos 20 États, le meilleur score (la valeur de G la plus basse) est obtenu par l'Islande (0,240) qui, au niveau mondial, vient de prendre la première place en termes de meilleure égalité des revenus, devançant la République tchèque (0,249) et la Suède (0,250) ; la valeur de G la plus haute (la plus forte inégalité) est obtenue par l'Afrique du Sud (0,631), État légèrement dépassé par quelques autres, la Namibie par exemple (0,639).

Classons ces 20 États en cinq groupes allant des plus égalitaires aux plus inégalitaires[39].

- Six États *très égalitaires* (G inférieur à 0,300) : Allemagne (0,283 - 7), France (0,289 - 9), Islande (0,240 - 5), Norvège (0,258 - 6), République tchèque (0,249 - 5), Roumanie (0,274 - 7).

[39] Pour chaque État figurent la valeur de G et celle du rapport entre les déciles extrêmes (ou son estimation).

- Cinq États *égalitaires* (G compris entre 0,300 et 0,349) : Canada (0,326 - 10), Corée du Sud (0,316 - 8), Inde (0,339) - 8), Mali (0,330 - 8), Slovénie (0,312 – 8).
- Six États *intermédiaires* (G compris entre 0,350 et 0,449) : Bhoutan (0,381 - 11), Chine (0,421 - 16), Cuba (0,410 - 12), Maurice (0,359 - 11), Qatar (0,411 - 21), Russie (0,401 – 12).
- Un État *inégalitaire* (G compris entre 0,450 et 0,549) : Brésil (0,547 – 33).
- Deux États *très inégalitaires* (G égal ou supérieur à 0,550): Afrique du Sud (0,631 - 41), Haïti (0,592 – 37).

Ce coefficient doit son nom au statisticien, démographe et sociologue italien Corrado GINI (1884-1965), qui en a fait la mise au point définitive.

Le principe en est simple. Il consiste à définir deux situations extrêmes. D'une part, celle de l'égalité « parfaite » : tous les déciles disposeraient du même RNB/h et la courbe des fréquences cumulées serait la diagonale RC1 (G = 0). D'autre part, celle de l'inégalité « parfaite » : les 9 premiers déciles ne recevraient rien, le dixième recevant tout (RC2, la « courbe » la plus éloignée de la diagonale et, par définition, G = 1).

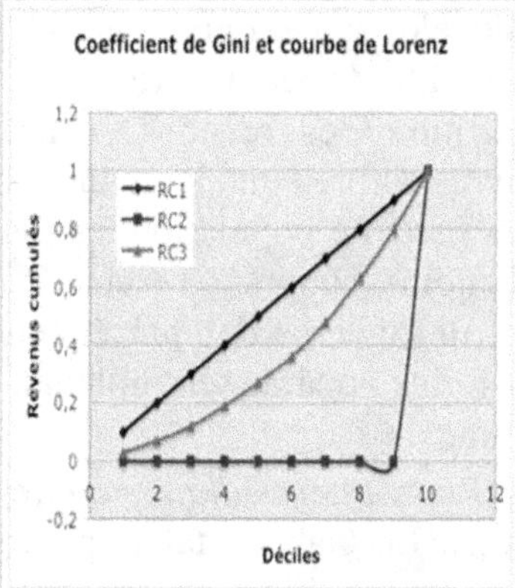

Toutes les autres courbes (courbes de Lorenz) sont intermédiaires, comme RC3, et leur valeur est déterminée en fonction de la part d'aire qu'elles occupent par rapport à la diagonale : plus elles s'en approchent et plus G tend vers 0. Sur cet exemple, pour RC3 G est voisin de 0,3.

En pratique, l'intervalle de variation de G se situe d'un peu plus de 0,2 (États *très égalitaires*) à 0,6 ou 0,7 (États *très inégalitaires*) ; les valeurs médianes approchent 0,4.

Une formule mathématique en permet évidemment le calcul.

Parmi les États *très égalitaires,* trois - Islande, République tchèque et Norvège – font encore un peu mieux que les autres, tant en ce qui concerne la valeur de G (tous autour de 0,25) qu'en ce qui concerne les écarts entre les déciles extrêmes (entre 5 et 6) : la Norvège confirme des résultats antérieurs, tant en santé qu'en éducation, et les deux autres sont en progression ; ils paraissent tous représenter un niveau d'inégalités laissant place à l'émulation, tout en limitant et en accompagnant la misère et la précarité, notamment en période de crise. Les trois autres États sont en léger décalage quant aux valeurs de G et l'écart entre les 1er et 10e déciles s'accroît (7 en Allemagne et Roumanie, 9 en France) : l'Allemagne et la France restent assez proches, et la Roumanie progresse ; ils pourraient se donner l'objectif de rejoindre les premiers. Ce serait une belle ambition, pour le Vieux Continent et l'Union européenne notamment.

Les cinq États *égalitaires* présentent deux situations contrastées. D'une part, le Canada, la Corée du Sud et la Slovénie, qui progresse à grands pas, ont des revenus et des évolutions économiques qui ressemblent à celles des États du groupe précédent, desquels ils ne sont pas éloignés, et sont en capacité de rejoindre : par exemple, comme nous le verrons plus loin, ils ont au moins réduit les pertes de développement humain ou les inégalités de genre, et certains les deux. L'Inde et le Mali, certes, sont *égalitaires* quant à la répartition des revenus, mais ils sont surtout pauvres ou très pauvres, si bien que leurs inégalités les plus criantes se situent dans leurs parts de population les plus riches, où se côtoient les revenus des moins pauvres et ceux, colossaux, d'une infime minorité[40] ; mais, à l'inverse des précédents États de ce groupe, les inégalités très fortes apparaissent ailleurs, notamment entre les femmes et les hommes.

Les États *intermédiaires* représentent presque autant de cas que d'États. Le Qatar, État le plus riche de la planète, même avec ce classement médian, redistribue à ses autochtones les plus pauvres (1er décile) un RNB/h d'environ 26 000$, qui échappent ainsi à tout risque de pauvreté ; mais il faut rappeler qu'au Qatar, la main d'œuvre est essentiellement d'origine étrangère, fluctuante et totalement corvéable : des « intrants nécessaires à l'augmentation de la production »[41]. Cuba et la Russie disposent de RNB/h assez proches : Cuba a notamment développé des politiques de développement efficaces, tant dans le domaine de la santé que dans celui de l'éducation mais, semble-t-il, en utilisant davantage le levier de la redistribution (gratuité de l'éducation et des soins de santé) que celui de la diminution des inégalités de revenus ; la Russie semble avoir pris un chemin classique vers le libéralisme

[40] Il faudrait, par exemple, examiner les revenus des 1 % les plus riches par rapport aux autres.

[41] Publication 2011, PNUD.

économique, avec ses formes les plus dures, mais aussi celui d'un retour à des formes d'impérialisme inquiétantes. Eu égard à un RNB/h encore un peu faible, Maurice est déjà un peu trop inégalitaire, d'autant que cet État l'est aussi quant au genre, s'il veut entraîner dans son développement humain l'ensemble de la magnifique diversité culturelle et ethnique qui le caractérise ; et quel beau chemin il tracerait s'il réduisait ces inégalités. La Chine et le Bhoutan ont l'un et l'autre des RNB/h médians, et des parties de populations en situation de pauvreté et de précarité. La Chine, qui représente à elle seule 20 % des habitants de la planète, semble engagée dans une politique de développement économique à marche forcée dont la préoccupation majeure ne paraît pas le développement humain de l'ensemble de la population, ni le respect de la planète elle-même, et cet État nous inquiète plus qu'il ne nous subjugue. Le Bhoutan, dans un autre contexte que Cuba, et sans doute bien peu généralisable, a mis en place un système de redistribution de moyens concernant la santé et l'éducation de tous : son expérience est intéressante, mais ne peut porter ses fruits que dans le cadre d'une économie assez fermée, cet État assurant notamment l'essentiel de sa production vivrière, ce qui préserve au moins de la très grande pauvreté.

Parmi les trois derniers, le Brésil, *inégalitaire*, et l'Afrique du Sud, *très inégalitaire*, disposent de RNB/h sensiblement équivalents et non négligeables (8e décile). En termes de développement humain, ils ont des niveaux assez comparables quant à l'éducation, mais très différents concernant l'espérance de vie, particulièrement basse en Afrique du Sud : ils ont en commun de s'être libérés de dictatures inacceptables, puis d'avoir engagé des luttes indispensables contre les inégalités qui s'y cumulent et la grande pauvreté qui en découle, mais les résistances des grands nantis s'avèrent très tenaces. La situation de Haïti, *très inégalitaire,* relève de la désespérance, avec des inégalités cumulées quasi invraisemblables et un RNB/h qui s'est effondré (cet État, aujourd'hui au 1er décile, était encore au 4e décile avant le séisme de 2010) : une misère humaine insupportable, dont les images renouvelées devraient interpeler le reste de la planète, voire interroger les mémoires... et inviter à dire oui à la repentance[42].

---

[42] Il faudra bien qu'un État commence. Et chacun devrait souhaiter que ce soit le sien.

Mais le propre des inégalités de tous ordres, c'est d'avoir tendance à se cumuler, bien davantage qu'à se compenser. Nous avons observé, pour chaque État, la forte disparité de pertes de développement humain pour l'ensemble des populations, hommes et femmes confondus, puis les inégalités d'ensemble entre femmes et hommes à partir de l'indice d'inégalité de genre prenant en compte les dimensions santé, autonomie et accès à l'emploi, enfin les inégalités de revenus entre les femmes et les hommes. Observons aussi leurs liens avec les inégalités générales de revenus établies à partir du coefficient de Gini.

Inégalités de revenu et pertes de développement humain, hommes et femmes confondus

		Pertes de développement humain				
		Très faibles	**Faibles**	**Moyennes**	**Fortes**	**Très fortes**
G de GINI Devant chaque État figure le rang de classement de ses revenus (sur 187 États).	**Très égalitaire**	6-Norvège 14-Allemagne 25-France 26-Islande 42-R.tchèque	62-Roumanie			
	Égalitaire	19-Canada 36-Slovénie		33-Corée du Sud		130-Inde
	Intermédiaire		46-Russie 66-Maurice		88-Chine* 118-Bhoutan	
	Inégalitaire					76-Brésil
	Très inégalitaire					165-Haïti

*Donnée 2011. États non classés : 1-Qatar ; 56-Cuba ; 84-Afrique du Sud; 171-Mali

Parmi les 16 États classés sur les deux dimensions, huit (rectangle haut) marquent des inégalités assez ou très acceptables : cinq, Allemagne, France, Islande, Norvège, République tchèque, avec une concordance très forte, trois, Canada, Roumanie et Slovénie, en concordance plus atténuée. Leur problème, outre celui d'accroître leurs revenus lorsqu'ils appartiennent au 9e décile, c'est surtout de limiter les poches de pauvreté et de précarité qui s'y maintiennent[43], mais aussi les rémunérations extravagantes qu'il faut, *a minima*, très sérieusement et justement imposer.

Deux autres États (rectangle bas) cumulent au contraire des situations nettement plus difficiles. À des revenus non négligeables (8e décile) mais trop inégalitairement répartis, et laissant en état de pauvreté une trop grande part de sa population, le Brésil associe des pertes *très fortes*, tandis que Haïti, parmi les États les plus pauvres de la planète, enregistre les plus fortes inégalités sur les deux dimensions : outre la réduction de ses inégalités de revenus, le Brésil aurait sans doute aussi, pour combler son retard, à favoriser des politiques de santé et d'éducation visant les plus démunis, tandis que Haïti ne cesse de résumer une situation totalement insoutenable et indigne.

Les six autres États se partagent en deux groupes. D'une part, la Corée du Sud, Maurice et la Russie, pour lesquels l'un des classements reste favorable tandis que l'autre le devient moins: la Corée du Sud est *égalitaire*, mais les pertes de développement y sont *moyennes*, et c'est l'inverse à Maurice ou en Russie ; mais ces trois États seraient en capacité de modifier ces schémas, et de se rapprocher des États les plus égalitaires. A l'inverse, les trois autres se rapprochent davantage des deux États nettement plus inégalitaires : en Chine comme au Bhoutan, les inégalités de revenus restent encore *intermédiaires* mais, associées à de *fortes* pertes de développement humain, elles sont insupportables pour les peuples qui les subissent, notamment en Chine où d'immenses régions ou provinces sont lourdement touchées ; la situation est encore plus contrastée en Inde qui, malgré des revenus *égalitaires* mais face à une pauvreté généralisée, connaît de *très fortes* pertes de développement humain.

---

[43] En France par exemple, où 13 % des habitants, en situation de pauvreté, n'ont souvent d'autre « choix » que celui de manger ou de se loger.

Inégalités de revenu et inégalités selon le sexe

G de GINI	Inégalités de genre				
	Très faibles	Faibles	Moyennes	Fortes	Très fortes
Très égalitaire	6-Norvège 14-Allemagne	25-France 26-Islande 42-R. tchèque		62-Roumanie	
Égalitaire	36-Slovénie	19-Canada 33-Corée du S.			130-Inde 171-Mali
Intermédiaire			88-Chine*	46-Russie 56-Cuba 66-Maurice	1-Qatar 118-Bhoutan
Inégalitaire					76-Brésil
Très inégalitaire					84-Afrique du S. 165-Haïti

Devant chaque État figure le rang de classement de ses revenus (sur 187 États). * Donnée 2011.

Sur les 20 États (tous ont renseigné quant aux deux dimensions), huit (rectangle haut), à nouveau, se classent en position *égalitaire* ou *très égalitaire*, mais seuls deux d'entre eux, la Norvège et l'Allemagne, se situent au plus haut niveau, en cohérence forte ; quatre se situent en cohérence atténuée, trois, France, Islande, République tchèque, pour lesquels les inégalités de genre sont *faibles* alors que ces États sont *très égalitaires* en ce qui concerne les revenus, tandis que le 4e, la Slovénie, connaît la situation inverse ; enfin, au niveau *égalitaire – faible*, se classe le Canada, rejoint cette fois par la Corée du Sud. Ces huit États, toutes nos observations l'ont confirmé, n'ont certes fait que réduire les inégalités, et sans doute encore insuffisamment, mais se regroupent néanmoins pour dessiner un chemin.

A l'inverse (rectangle bas), l'Afrique du Sud et Haïti, *très inégalitaires* quant aux revenus, ainsi que le Brésil, *inégalitaire*, se regroupent au niveau des inégalités femmes- hommes *très fortes*, entravant le développement humain de leurs populations respectives, et pénalisant durement et injustement celui des femmes. Et s'en rapprochent, avec des niveaux d'inégalités de genre assez identiques, le Qatar et le Bhoutan malgré un niveau *intermédiaire* quant aux inégalités de revenus, mais aussi l'Inde et le Mali, malgré un niveau *égalitaire*.

La Chine, immense État médian, les sépare en quelque sorte, se situant en position *intermédiaire* sur les deux dimensions mais, comme nous l'avons vu, ses positions moyennes masquent d'énormes différences internes, selon ses régions ou provinces. La Russie, Cuba et Maurice, avec des inégalités entre les femmes et les hommes un peu plus prononcées, et trop importantes, d'autant qu'elles se cumulent avec des inégalités de revenus qui, *intermédiaires*, ne sont déjà pas négligeables, en restent cependant assez proches. Les inégalités de genre restent *fortes* en Roumanie et constituent un handicap important pour les filles et les femmes : cet État *très égalitaire* a également réussi à réduire globalement ses pertes de développement, mais ces pertes restent très inégalement réparties selon le sexe.

G de Gini et écart des revenus entre les femmes et les hommes

Le coefficient de Gini permet l'estimation des inégalités de revenus vécues par une population dans son ensemble, femmes et hommes, celle d'un État par exemple, et qui s'expliquent notamment par des positions sociales ou socioprofessionnelles différentes[44] : tolérables lorsqu'elles restent modérées et lorsque les revenus à distribuer conservent un bon niveau, elles deviennent vite insupportables, notamment lorsqu'elles atteignent des États pauvres, parce qu'elles engendrent l'extrême misère et la précarité.

Mais, comme l'a montré le PNUD, les revenus moyens des femmes sont toujours très inférieurs à ceux des hommes, et les pertes, qui constituent en quelque sorte un surcoût, sont loin d'être négligeables et, surtout, mettent en évidence des écarts ahurissants : en moyenne 51 % pour l'ensemble de la planète et 21 % en Norvège, mais 71 % en Inde pour notre groupe de 20 États.

La Norvège marque une distance très nette par rapport à tous les autres, devançant nettement son second, le Canada. Mais elle est aussi classée première au rang mondial quant à son indice de développement humain, *très égalitaire* quant aux distributions de revenus et première au classement mondial des meilleures démocraties[45]. Cet État, rejoint par quelques autres, notamment

[44] Et, bien souvent, loin d'être justifiées.

[45] Consulter le site :
<http://www.statistiques-mondiales.com/indicededemocratie.htm>

d'Europe du Nord[46], constitue un très bon exemple de l'égalité réussie, et bien intégrée depuis longtemps, en termes d'accès aux soins, à l'éducation et à l'autonomie ou à l'emploi, mais aussi d'avancées sociales d'importance, par exemple quant à l'égalité des rémunérations quel que soit le sexe ou la libération de temps professionnels pour élever les jeunes enfants, proposée à la fois aux hommes et aux femmes, mais restant cependant plus utilisée par les femmes que par les hommes. Ainsi, réalisé dans un État dont le souci égalitaire ne peut guère être suspecté, cet écart, qui tient au moins pour une part, à des choix de femmes ayant décidé d'accepter de moindres revenus pour améliorer leur vie familiale et, notamment celle de leurs enfants, nous paraît-il, au moins durant un temps, constituer d'abord un très bon objectif pour les autres États.

Mais comment se situent ces inégalités femmes-hommes par rapport aux inégalités globales ? Et les renforcent-elles de la même manière dans tous les États ? C'est ce à quoi tente de répondre l'analyse de ce croisement.

Écart des revenus femmes/hommes

G de Gini	33 % et moins	34 à 43 %	44 à 55 %	56 à 65 %	66 % et plus
Très égalitaire	6-Norvège (21) 25-France (33)	14-Allemagne (38) 26-Islande (35)	42-R. tchèque (51) 62-Roumanie (48)		
Égalitaire	19-Canada (30) 36-Slovénie (32)		33-Corée du S. (44)	171-Mali (56)	130-Inde (71)
Inter-médiaire	88-Chine*(31) 118-Bhoutan (32)	46-Russie (34)	56-Cuba (49) 66-Maurice (52)		1-Qatar (68)
Inégalitaire		76-Brésil (39)			
Très inégalitaire	165-Haïti (30)		84-Afrique du Sud (44)		

Devant chaque État figure le rang de classement de ses revenus (sur 187 États) ; puis, à la suite, l'écart F/H observé.

* Donnée 2011.

46 La Suède observe un écart des revenus femmes/hommes tout à fait comparable.

Si la corrélation entre les deux séries était très forte, autrement dit - si les inégalités de revenus entre femmes et hommes progressaient en même temps que les inégalités générales de revenus -, la plupart des États figureraient sur la diagonale représentée en grisé foncé ou s'en approcheraient. Tel n'est pas le cas, car la corrélation est très faible.

En fait, ce tableau de classement distingue essentiellement trois cas.

- D'abord celui des concordances : au total huit États. D'une part (rectangle haut) les six États au moins égalitaires en ce qui concerne la répartition des revenus pour l'ensemble de la population, dont les écarts femmes/hommes restent tous nettement inférieurs à l'écart mondial moyen : emmenés par la Norvège dont l'écart des revenus femmes/hommes est nettement atténué, les cinq autres - Canada (30 %), Slovénie (32 %), France (33 %), Islande (35 %) et Allemagne (38 %) enregistrent des écarts se répartissant donc entre 30 et 38 %. On note aussi, au moins pour une part et comme en Norvège, des inégalités de revenus choisies ou acceptées par les femmes, mais aussi une progression marquée des inégalités subies[47], et une pénalité supplémentaire imposée à une partie des femmes. D'autre part, on relève deux États *intermédiaires* (rectangle médian) quant à la répartition générale des revenus, Cuba et Maurice, dont l'écart femmes-hommes est très proche de l'écart moyen : si l'on se réfère à l'exemple de la Norvège, alors même que les inégalités d'ensemble ont fortement progressé, la pénalité spécifique aux femmes a plus que doublé (Cuba, 49 % ; Maurice, 52 %), les inégalités subies ne pouvant qu'avoir très fortement progressé ; pour les femmes, la double pénalisation s'est fortement alourdie.
- Ensuite, et en opposition, les deux cas de discordance : les 12 autres États se partagent en deux groupes selon qu'ils se situent au-dessus ou au-dessous de la diagonale.

---

[47] Ces inégalités subies sont bien l'un des maux les plus insupportables, et se retrouvent partout : quant aux salaires mais aussi quant aux parcours professionnels et à l'accès aux postes de responsabilité ou de pouvoir. Qui ne se souvient de la déclaration d'un ancien Premier ministre français qui, lors de la candidature récente d'une femme à la Présidence de la République, avait demandé qui... s'occuperait alors des enfants.

- Six d'entre eux sont au-dessus : les écarts de revenus femmes/hommes, les déclassent d'un ou plusieurs niveaux par rapport à leurs classements hommes et femmes confondus (G de Gini). Tous ont en commun de subir, concernant les inégalités de revenus femmes-hommes, une pénalisation supérieure à celle qu'ils auraient subie s'ils étaient restés en concordance. La sur-pénalisation est légère pour la Corée du Sud qui, *égalitaire* quant aux revenus d'ensemble, rejoint d'extrême justesse (44 %, la borne inférieure) le groupe *moyen* quant aux écarts de revenus femmes/hommes. Elle est nettement plus forte pour la République tchèque et la Roumanie, dont les pertes globales de développement humain sont respectivement *très faibles* et *faibles*, mais dont les écarts de revenus entre les femmes et les hommes atteignent ou sont très proches de l'écart planétaire moyen (dans l'ordre, 51 et 48 %) ; alors que la valeur de G classe ces deux États dans la catégorie *très égalitaire,* ils semblent en capacité d'inverser ce schéma, à l'exemple de la Norvège bien sûr, mais aussi de la Slovénie. Et elle est insupportable dans deux États assez pauvres ou très pauvres comme l'Inde ou le Mali, pourtant *égalitaires* quant aux revenus globaux, car ces énormes écarts (56 % au Mali et 71 % en Inde) ont de lourdes conséquences quant aux revenus des femmes les plus pauvres et de leurs familles, mais aussi quant au développement humain et plus particulièrement à un accès à l'éducation restant très inégalitaire selon le sexe dans ces deux États ; sans compter les débordements auxquels ces inégalités aboutissent, en Inde notamment : les viols collectifs et punitifs par exemple. Une situation de même sens est observée au Qatar : à des revenus globaux répartis de façon intermédiaire correspond une répartition des revenus entre les femmes et les hommes marquant un écart insensé (68 %) ; mais la richesse redistribuée est telle qu'elle n'engendre pas de grande pauvreté chez les femmes qataris : elles disposent d'un revenu moyen de l'ordre de près de 46 000$, soit un peu plus que celui de l'ensemble de la population allemande (43 000$). Le problème du Qatar est ailleurs : il bafoue toutes les règles démocratiques mondialement admises, les hommes du Qatar exploitant à la fois les femmes de leur propre pays et, beaucoup plus durement encore et sans vergogne, les hommes et les femmes qui y viennent d'ailleurs.

- Les six autres sont au-dessous : à l'inverse, les écarts de revenus femmes/hommes tendent à les surclasser par rapport à leurs positions concernant les revenus d'ensemble (G de Gini). D'une part, trois États classés au niveau intermédiaire en fonction de la distribution de leurs revenus globaux, et dont nous pouvions nous attendre à ce qu'ils enregistrent des écarts femmes/hommes voisins de la moyenne, réduisent sensiblement et quasi également leurs écarts : la Russie gagne un rang de classement, abaissant l'écart à 34 %, tandis que la Chine et le Bhoutan en gagnent deux avec, respectivement, des écarts de 31 et 32 %. En Chine, les inégalités globales de genre étaient *moyennes*, elles étaient *fortes* en Russie et même *très fortes* au Bhoutan : c'est donc vers une meilleure répartition des revenus entre les femmes et les hommes qu'ils ont réussi à progresser, et c'est loin d'être négligeable. Les trois autres États observent des écarts qui tendent également à se réduire. L'Afrique du Sud, *très inégalitaire* quant à la distribution globale des revenus (G de Gini) et le Brésil, *inégalitaire*, observent des réductions des écarts importantes : écart de 44 %, la valeur de la borne inférieure du groupe constitué autour de la moyenne, pour le premier ; de 39 % (pratiquement comme en Allemagne) pour le second. L'un et l'autre ont mieux réussi à faire reculer ces écarts, et à faire évoluer les mentalités dans ce domaine, qu'à faire reculer les écarts globaux ; *très inégalitaire* en ce qui concerne les revenus globaux (G de Gini), mais aussi État devenu parmi les plus pauvres de la planète, ayant si peu à distribuer, Haïti se situe aussi parmi les meilleurs en ce qui concerne les écarts de revenus entre femmes et hommes (30 %, comme au Canada) : mais rien ne semble en mesure d'expliquer cet écart réduit, si ce n'est l'extrême pauvreté quasi généralisée, eu égard à la situation générale de désespérance que traverse cet État, et qu'il faut sans cesse continuer de souligner.

Bilan intermédiaire

Ce choix d'un échantillon raisonné limité à 20 États a bien permis de donner une image de la diversité des cas d'inégalités observés au niveau planétaire : de la quasi exemplarité de la Norvège aux inégalités insoutenables que connaissent les pays les plus pauvres, tels Haïti ou le Mali. Mais aussi des différences qui, tout en confirmant la nocivité des inégalités excessives et insupportables, laissent apparaître des possibilités et des espoirs, et rejettent tous les fatalismes.

Eu égard à nos critères de classement, la Norvège, qui n'appartient pas à l'UE et tient à conserver son indépendance, détient l'indice de développement le plus élevé de la planète et réalise, parmi les quatre États les plus riches, et *a fortiori* parmi les 20, le seul « sans-fautes » : disposant de revenus *très élevés* (10e décile – 64 000$), elle est la seule des quatre se hissant à la fois au niveau *très élevé* quant à l'espérance de vie et aux indicateurs qui s'y rattachent ou au niveau d'éducation de sa population ; et elle le doit très certainement à des niveaux d'inégalités très faibles, tant en ce qui concerne les pertes de développement humain que les inégalités de genre sous leurs divers aspects, et à des écarts de revenus parmi les moins élevés, que ce soit entre riches et pauvres (un coefficient G de Gini très égalitaire et un rapport de 1 à 6 entre les déciles extrêmes) ou entre hommes et femmes (un écart de 21 %, le plus faible de la série). Elle constitue sans aucun doute un exemple à suivre, avec d'autres États qui lui ressemblent, en particulier en Europe du Nord, et notamment, dans l'UE, la Suède ou la Finlande.

Deux autres États aux revenus *très élevés*, l'Allemagne (43 000$ - UE zone Euro) et le Canada (« Nouveau Monde »), se situent à très faible distance de la Norvège et en capacité de la rejoindre, l'un et l'autre avec une espérance de vie *très élevée* mais un niveau d'éducation légèrement inférieur. Leurs pertes de développement sont *très faibles* et les inégalités de genre ou de revenus qu'on y observe oscillent toujours, dans un sens ou dans l'autre, entre *égalitaire* et *très égalitaire*[48].

[48] Nous avons retenu le Canada pour représenter le Nouveau Monde, en particulier parce qu'il nous semble représentatif de politiques d'immigration réussies. Mais nous aurions aussi bien pu retenir l'Australie ou la Nouvelle

Le cas du Qatar s'en distingue très nettement : malgré des revenus *très élevés* (119 000$), l'espérance de vie n'y est qu'*élevée* et l'espérance d'éducation *moyenne,* mettant en évidence le poids très relatif des revenus quant au niveau de développement humain. Sa propre population[49] ne se situe qu'au niveau *intermédiaire* en ce qui concerne la valeur de G et les écarts globaux de revenus entre les déciles extrêmes (un rapport de 1 à 21) ; et, surtout, les inégalités hommes – femmes, sur toutes les dimensions observées, y sont *très fortes,* y compris entre les revenus (un écart de 68 %, l'un des plus élevés).

Le 9e décile regroupe huit États *très riches* dont les revenus sont assez dispersés : entre 17 000 et 37 000$. Les situations y sont assez diversifiées.

Parmi les deux plus riches, France (37 000$ - UE zone Euro) et Islande (35 000$ - État souhaitant entrer dans l'UE), le second marque des résultats *très élevés* tant en espérance de vie qu'en éducation, très proches et les plus proches de ceux de la Norvège, tandis que la France se partage entre une espérance de vie *très élevée* et un niveau d'éducation *élevé*, comme l'Allemagne ou le Canada, niveau qui gagnerait à être amélioré, et notamment corrigé des inégalités sociales qu'il engendre. Les deux États sont quasi équivalents quant aux inégalités : des pertes de développement humain *très faibles*, de *faibles* inégalités de genre et des coefficients de Gini *très égalitaires*, avec, cependant, un certain avantage à l'Islande concernant le rapport entre les déciles extrêmes (de 1 à 5, mais de 1 à 9 en France).

Vient ensuite la Corée du Sud, en progression économique constante, avec un RNB/h de 30 000$, à peine la moitié de celui des Norvégiens et le quart de celui des Qataris. Cet État souvent étonnant rejoint pourtant la Norvège et l'Islande aux niveaux *très élevés*, tant dans le domaine de la santé et de l'espérance de vie que celui de l'éducation et alors qu'il n'a pourtant que partiellement réduit ses inégalités. Certes, il est *égalitaire* et en bonne voie en ce qui concerne les inégalités de genre, mais connaît encore des pertes

Zélande, dont les indices de développement humain se situent entre ceux de la Norvège et du Canada.

[49] Il faudrait aussi pouvoir observer les conditions réelles de vie des populations fluctuantes d'origines étrangères qu'utilise cet État.

de développement humain considérées comme *moyennes,* et progresserait encore s'il les réduisait.

Dans l'ordre des revenus, la Slovénie (27 000$ - UE zone Euro) et la République tchèque (25 000$ - UE hors zone Euro), très désireuse d'accéder à la zone Euro, outre des revenus proches, ont en commun d'avoir été républiques socialistes, dans le bloc soviétique. Ces deux États observent des espérances de vie *élevées*, en forte concordance avec les revenus, mais la Slovénie se hisse même au plus haut niveau en ce qui concerne l'éducation, rejoignant donc la Norvège, niveau dont se rapproche la République tchèque qui, à chaque relevé, semble de plus en plus proche de la France. Au total, de très bons résultats eu égard aux revenus : sans doute parce que ces deux États connaissent des situations *égalitaires* ou *très égalitaires* sur l'ensemble des dimensions observées - de *très faibles* pertes de développement humain dans les deux cas, de *très faibles* inégalités de genre en Slovénie mais qui deviennent *faibles* en République tchèque, et une situation inversée quant au coefficient G de Gini ou aux écarts entre les déciles extrêmes (1 à 8 dans le premier mais 1 à 5 dans le second) -, mais sans doute aussi parce que leurs populations adultes ont bénéficié de conditions de scolarisation favorables que d'autres États ne connaissaient pas encore, et qui ne peuvent que se répercuter sur les générations ultérieures.

La Russie (23 000$ - État hors UE, classé parmi les grands émergents regroupés dans le BRICS) présente une situation assez différente en ce qui concerne les inégalités. Certes, ses pertes de développement humain restent *faibles,* mais ses inégalités de répartition générale des revenus classent cet État au niveau *intermédiaire* (écart de rapport 1 à 12 entre les déciles extrêmes) et, surtout, son indice d'inégalité de genre met en évidence de *fortes* inégalités hommes – femmes. La Russie conserve un niveau d'éducation *élevé,* notamment parce qu'il repose sur un solide socle de formation de ses adultes, mais une espérance de vie *moyenne,* qui ne peut que correspondre à un état de santé de la population lui-même *moyen.*

Cuba est classé au 56e rang mondial eu égard à son RNB/h[50] (20 000$). Tant en ce qui concerne la santé, estimée à partir de l'espérance de vie, qu'en ce qui concerne l'éducation, ses classements en catégorie *élevée* marquent de fortes concordances ; et c'est un pays qui a incontestablement su mener de front l'éducation des adultes et celle des jeunes. Son niveau, notamment dans le domaine de la santé, dépasse celui de la Russie, et rejoint, dans les deux domaines, celui de la République tchèque ou... des États-Unis. Il est dommage qu'il ne fournisse pas les éléments permettant d'évaluer ses pertes de développement humain qui sont probablement *faibles*, mais les inégalités de genre y restent *fortes*, y compris quant aux inégalités de revenus entre hommes et femmes (écart de 49 %), alors que le coefficient G de Gini est *intermédiaire*, avec un écart de l'ordre de 1 à 12 entre les déciles extrêmes. Et c'est à nos yeux un cas intéressant de développement humain bien réussi, dans des conditions et un contexte qui n'étaient pas faciles, mais semblent en voie d'amélioration.

La Roumanie (17 000$ - État hors zone Euro aspirant à y entrer), eu égard aux classements que nous avons proposés, se situe en position *moyenne,* tant dans le domaine santé que dans le domaine éducation, donc en deçà de ce qu'auraient pu laisser espérer ses revenus qui ont récemment progressé, ou de la Russie avec laquelle il est intéressant de comparer : certes elle est, comme le Russie, *moyenne* quant à l'espérance de vie, mais avec un pronostic de 74 ans, limite supérieure de la borne, tandis que celui de la Russie n'est que de 68 ans, sa limite inférieure ; et, à l'inverse, en éducation, la Russie figure en catégorie *élevée* parce qu'elle a juste atteint la limite inférieure de cette catégorie (DAS de 15 ans), tandis que la Roumanie reste en catégorie *moyenne*, mais à sa limite supérieure (14 ans). Bref, il semble plus prudent d'attendre le prochain classement[51]. D'autant que la Roumanie possède des atouts non négligeables pour progresser : un solide potentiel de formation de

---

50 Lorsque nous avons observé ces données pour la première fois (RNB/h 2008), il figurait parmi les États très pauvres (2e décile), affichant déjà de bons résultats en santé et éducation, sans rapport avec ceux de ce décile. Lors d'une seconde recherche (données 2011), il était *médian* (5e décile) et un peu plus pauvre que la Chine. Ses résultats apparaissaient de nouveau en total décalage avec ses revenus. Ses revenus ont-ils augmenté ou étaient-ils sous évalués ? Peut-être les deux.

51 La mesure n'est qu'une aide. Et l'important, c'est son interprétation.

sa population adulte, de *faibles* pertes de développement humain, de *faibles* inégalités de genre, sauf en ce qui concerne leurs revenus respectifs (écart de 48 %) et, néanmoins, une distribution des revenus *très égalitaire* (G faible et écart de 1 à 7). La Roumanie reste l'un des États de l'UE connaissant encore des difficultés notables, mais sans commune mesure avec les situations dramatiques que nous évoquerons plus loin.

Trois États aux revenus *moins élevés* figurent parmi les 20 États : d'une part, Maurice (17 000$), l'un des États du Monde regroupant des populations et des cultures très diversifiées et, semble-t-il, bien assimilées ; d'autre part, l'Afrique du Sud (12 000$) et le Brésil (14000$), deux grands États émergents, parmi les cinq regroupés dans le BRICS, dont la Russie aux revenus nettement plus élevés.

Maurice observe une espérance de vie *moyenne* (74 ans) mais, comme la Roumanie, très proche de la limite basse de l'espérance (75 ans) ; et, par ailleurs, un niveau d'éducation *élevé* avec un développement assez important de son enseignement supérieur auquel accèdent déjà 40 % des jeunes : un ensemble en bonne correspondance avec ses revenus. Mais cet État connaît encore des inégalités trop fortes qui gagneraient à être réduites : certes, les pertes de développement humain sont *faibles*, mais les inégalités globales de revenus restent *intermédiaires* (un écart de 1 à 11 entre les déciles extrêmes[52]) et, surtout, les inégalités de genre restent *fortes,* entraînant des inégalités *élevées* des revenus entre hommes et femmes (un écart de l'ordre de 52 %).

L'Afrique du Sud et le Brésil marquent des différences qu'il semble intéressant de traiter en comparaison. Les deux États se situent à des niveaux de revenus assez semblables, avec un léger avantage pour le Brésil (de l'ordre de 14 %). En éducation, le Brésil se situe au niveau *élevé,* en bonne concordance avec ses revenus, tandis que l'Afrique du Sud se classe en léger retrait, au niveau *moyen* ; ils sont de fait à des niveaux assez semblables, ayant l'un et l'autre généralisé la fréquentation du primaire et l'accès au secondaire, mais ils ont besoin de développer leurs enseignements supérieurs. En revanche, leurs résultats diffèrent profondément en ce qui concerne la santé : une espérance de vie *moyenne* (74 ans) au

52 Un écart de cet ordre, encore tolérable lorsque les revenus à partager sont très élevés, devient vite un handicap lorsque ces revenus s'abaissent.

Brésil, et même très proche du seuil de 75 ans de l'espérance *élevée,* mais *très basse* (57 ans, 17 ans d'écart) en Afrique du Sud ; une injustice immense, liée au mépris d'humains pour d'autres humains, que seul le temps pourra réparer. Mais ces États et leurs populations qui ont lutté pour se libérer, ont encore à lutter contre les inégalités qui continuent de les frapper : des pertes de développement humain *très fortes* (27 %) au Brésil[53], une répartition générale des revenus *inégalitaire* au Brésil (rapport de 1 à 33 entre les déciles extrêmes) et *très inégalitaire* en Afrique du Sud (1 à 41), enfin, des inégalités de genre *très fortes,* dans les deux États, qui ne peuvent que se répercuter sur les écarts de revenus entre hommes et femmes (39 % au Brésil ; 44 % en Afrique du Sud).

Trois États ont été retenus pour donner une image des États *médians*, qui représentent 40 % de la population mondiale (4 déciles, du 7e au 4e décile). La Chine, avec un RNB/h de 11 000$ couvre à elle seule la quasi totalité des 7e et 6e déciles, le Bhoutan (6 800$) appartient au 5e décile et l'Inde (5 100$) partage sensiblement pour moitié sa population entre le 4e décile (décile *médian* le moins riche) et le 3e (premier décile des États *pauvres*).

La Chine, autre grand État émergent du BRICS, bénéficie d'une espérance de vie *élevée,* et en décalage positif par rapport à ses revenus, tout en se situant, en totale concordance avec eux, dans la *moyenne* des résultats en éducation. Sa scolarisation en primaire est totale, mais sa scolarisation en secondaire n'est pas totalement achevée (87 %) et son enseignement supérieur n'accueille encore que 24% des jeunes. Cet État marque d'importantes avancées, notamment dans certaines régions, Shanghaï notamment. Mais il reste assez inégalitaire : des pertes *fortes* de développement humain[54], des inégalités de revenus de niveau *intermédiaire* entraînant des écarts de l'ordre de 1 à 16 entre les déciles extrêmes, ce qui est beaucoup eu égard à des revenus encore modestes, enfin des inégalités *moyennes* hommes-femmes sur l'ensemble des indicateurs observés.

---

[53] Celles de l'Afrique du Sud ne sont pas connues mais ne peuvent être faibles.

[54] La donnée est un peu ancienne (2001).

Le Bhoutan, petit État géographiquement voisin de la Chine et de l'Inde, se classe en catégorie *moyenne* sur les dimensions santé et éducation. Son espérance de vie, 68 ans, se situe entre celles de l'Inde et de la Chine, et son taux de mortalité infantile avant 5 ans un peu élevé (45 ‰). L'ensemble des jeunes bénéficie d'une scolarisation totale en primaire mais le secondaire n'accueille encore que 74 % des jeunes, et l'enseignement supérieur 9 %. Il reste *inégalitaire*, et trop inégalitaire eu égard à son maigre RNB/h : par exemple classé *intermédiaire* quant au coefficient G de Gini, les revenus s'y distribuent avec un écart de 1 à 11, écart déjà élevé eu égard au revenu à répartir ; d'autant que s'y rajoutent de *fortes* pertes de développement humain (20 %) et de *très fortes* inégalités de genre.

L'Inde est le plus pauvre des cinq grands émergents du BRICS. Son espérance de vie est *basse* (66 ans) et cet État observe encore, par exemple, un taux de mortalité infantile avant 5 ans *assez élevé* (56‰), 4 fois plus que la Chine). La scolarisation en primaire y est totale mais le secondaire n'est encore fréquenté que par 69 % des jeunes ; elle rejoint cependant la Chine en ce qui concerne l'accès aux enseignements supérieurs (23 %) et est classée en catégorie *moyenne*. Mais cet État enregistre des pertes de développement humain *très fortes* (29 %) ; certes il est *égalitaire* quant à la distribution de revenus (G faible et écart entre déciles extrêmes de 1 à 8), mais ses inégalités entre hommes et femmes restent *très fortes*, et comparables à celles qui ont été observées au Brésil. Et elles pèsent encore davantage lorsque l'État est plus pauvre.

Haïti et le Mali figurent l'un et l'autre parmi les États les plus pauvres de la planète (1er décile). Mais si le Mali connaissait déjà ce classement en 2008, avant la grande crise financière, Haïti figurait alors parmi les États *médians* du 4e décile : une chute vertigineuse liée à la succession de catastrophes qu'il a connues. Avec des revenus notoirement insuffisants, 1 600$ pour Haïti et 1 500$ pour le Mali[55], il en résulte des situations très difficiles, tant dans le domaine de la santé que dans celui de l'éducation :

[55] Un peu plus de 4$ par jour en moyenne, ce qui signifie qu'une très grande partie de leur population connaît la pauvreté (moins de 2$/jour), voire la grande pauvreté (moins de 1,25$/jour).

l'espérance de vie reste *basse* en Haïti (63 ans) parce que cet indicateur évolue très lentement, mais est *très basse* au Mali (55 ans), tous les indicateurs de santé mettant en évidence de sérieuses difficultés, notamment la mortalité infantile avant 5 ans (dans l'ordre, 76 et 128 ‰) ; l'éducation stagne au niveau *très bas* dans les deux États et, pour en donner un exemple, l'alphabétisation des populations adultes n'atteint que 49 % en Haïti et 53 % au Mali. Et ces situations lamentables et intolérables, caractéristiques des États les plus démunis sont encore aggravées par le poids des inégalités : des pertes de développement humain *très fortes* (39,5 %) en Haïti, mais non renseignées au Mali, des répartitions de revenus *égalitaires* au Mali mais *très inégalitaires* en Haïti (un écart de 1 à 37 entre les déciles extrêmes), et des inégalités de genre *très fortes* dans les deux États.

2ème PARTIE

EBAUCHES

DE

PROPOSITIONS

CHAPITRE 1

Vers un monde meilleur, solidaire et moins inégalitaire : rapport au bien-être dans les 20 Etats[56]

L'éducation est la voie royale pour faire naître une humanité meilleure.
Comenius

Tout d'abord, rappelons les trois questions que nous posons dans cet ouvrage : dans quel monde vivons-nous ? Dans quel monde aimerions-nous vivre ? Que faire pour y parvenir ?

Le chapitre 1 et le chapitre 2 de la première partie sont centrés sur la première question. Ils ont mis au jour des inégalités trop souvent excessives et parfois même intolérables et cela nous renvoie à l'idée d'un déficit d'éthique. Comment accepter l'idée qu'une minorité de la population détienne la plus grande partie de la richesse mondiale et que la majorité de la population vive dans une grande pauvreté ? Comment accepter l'idée qu'un clic de trader puisse signifier un gain de millions de dollars pour une personne physique ou morale qui n'aura fourni aucun travail justifiant ce gain ? Ceci est tout simplement immoral. Le physicien allemand Harald Lesch expliquait dans un entretien au *Süddeutsche Zeitung* du 30 janvier 2015 : « Considérons par exemple la formation des nuages, un système dynamiquement stable qui s'oriente tantôt ici, tantôt là. Ce sont des structures globalement stables où la matière est partagée de façon très équilibrée. Cela signifie qu'elle ne se concentre pas en quelques endroits. Contrairement à la physique, les marchés financiers ne proposent pas d'équilibre raisonnable : l'argent est concentré en certains lieux de façon irresponsable. Sur un graphique, cela donnerait des îles complètement vides et sur le bord de ces îles, on verrait des concentrations massives d'argent. Et c'est à cela que ressemble un système instable. (…) Les lois économiques ne sont pas des lois naturelles. Ce sont des déclarations de l'ordre de "Tu ne dois pas". Les lois de la nature sont de l'ordre du "Tu ne peux pas". On ne doit pas remettre en

---

56 Les données utilisées dans ce chapitre sont regroupées dans le tableau 7.

question la croissance. C'est incroyable comme l'idée de croissance est implantée en nous. Presque génétiquement ! »[57].

Ces deux chapitres ont montré le caractère intolérable des inégalités auxquelles nous sommes quotidiennement confrontés dans notre environnement immédiat comme la pauvreté extrême d'une partie importante de la population, les inégalités hommes-femmes dans l'accès au travail et aux instances politiques, et dans notre environnement plus lointain par le biais des médias ou de nos différents voyages (misère d'une grande partie de la population mondiale, inégalité dans l'accès aux soins, à l'éducation, inégalité de traitement des femmes, violences et éliminations institutionnalisées contre elles…).

Le premier chapitre de cette seconde partie va tenter de réfléchir à un monde meilleur et de présenter les ingrédients de ce monde. Utopie ? Nous sommes bien conscients que d'autres avant nous ont posé la question et réfléchi à la mise en place d'un monde plus juste, moins inégalitaire, plus solidaire, moins violent, où il ferait bon vivre, tout simplement, avec les autres.

Qu'il s'agisse de *La République* de Platon, de *l'Utopie* de Thomas More, de *L'Eloge de la Folie* d'Erasme, des ouvrages de Saint-Simon, Fourier, Leroux ou Proudhon, tous proposent un idéal de vie dans la cité ou dans la société. Quel est le gouvernement idéal ? Quelles sont les caractéristiques d'un homme juste, d'un gouvernement juste ? « Y aura-t-il toujours des pauvres » ? tel est le sous-titre d'un livre de Pierre Leroux consacré à Malthus et aux économistes[58].

Le meilleur gouvernement serait selon Platon un gouvernement assuré par une élite éduquée, à savoir une aristocratie éclairée. C'est l'idée qui est reprise par Rabelais lorsqu'il évoque l'Abbaye de Thélème dans son *Gargantua,* « parce que les gens libres, bien nés, bien éduqués, vivant en bonne société, ont naturellement un instinct, un aiguillon qu'ils appellent honneur qui les pousse toujours à agir vertueusement et les éloigne du vice » (*Gargantua*, chapitre 57).

---

[57] *Süddeutsche Zeitung*, 30 janvier 2015.

[58] Pierre Leroux, *Malthus et les économistes ou y aura-t-il toujours des pauvres ?* Boussac, Imprimerie P. Leroux, 1848.

Tous deux insistent sur l'importance de l'éducation et du sens moral, éthique, avec ou sans Dieu.

Et puisque « le monde entier est notre patrie à tous », comme l'écrivait Erasme dans son *Quere la Pacis* (*La Complainte de la Paix*, 1517), il n'est pas vain de s'interroger sur le gouvernement du monde. Après avoir connu le fanatisme religieux (Inquisition, Croisades, Guerres de religions), le fanatisme politique sous couvert d'idéologies diverses (Russie, Cambodge,...), le fanatisme ethnique qui a conduit au génocide (Allemagne, Turquie, Rwanda), notre monde est de nouveau en proie à ce fléau. Le groupe Daech qui fait régner la terreur dans le monde entier et qui est un mouvement religieux fanatique tout comme Al-Qaïda ou les différents courants islamistes ou djihadistes, les groupes néo-nazis présents un peu partout dans le monde qui proclament sans honte les idées hitlériennes, en sont de sinistres illustrations. Fanatisme religieux et fanatisme ethnique recourent à la violence pour imposer leurs idées et affirmer leur pouvoir sur les sociétés et sur le monde.

Comment éradiquer le fanatisme ? Où prend appui le fanatisme religieux ? Gilles Kepel[59] a bien montré comment, en Égypte, les frères musulmans géraient l'éducation, le social, le caritatif, venant combler ainsi les carences du gouvernement de Moubarak.

Ceci nous ramène aux enjeux de notre ouvrage : démontrer qu'une meilleure justice sociale et la réduction des inégalités dans le monde constituent les meilleures armes contre le fanatisme quel qu'il soit. Certains pourraient rétorquer que le fanatisme hitlérien est né dans un pays où l'éducation, la philosophie, la culture sous toutes ses formes, tenaient une place de choix. Certes, mais c'est aussi à la faveur d'une crise économique qu'Hitler a accédé au pouvoir. Cette crise économique a fait ressurgir les penchants les plus noirs de l'Homme. L'homme est à la fois ange et démon, écrivait Baudelaire. « Il y a dans tout homme, à toute heure, deux postulations simultanées, l'une vers Dieu, l'autre vers Satan. L'invocation à Dieu, ou spiritualité, est un désir de monter en

---

[59] Kepel G., *Le Prophète et Pharaon : Aux sources des mouvements islamistes*, Seuil, 1993.

grade ; celle de Satan, ou animalité, est une joie de descendre » (*Journaux Intimes*, 1887).

Réunir les meilleures conditions de justice et d'égalité sociale dans un monde respectueux des valeurs exprimées en 1948 dans « La déclaration universelle des droits de l'Homme », permettre l'accès aux savoirs et donner une éducation éthique aux enfants, en tous lieux du monde, pour en faire des individus dignes de résider à l'abbaye de Thélème ou de diriger la République platonicienne, voici les objectifs prioritaires auxquels nous devrions tous nous consacrer.

Mais commençons par définir ce qui nous semble nécessaire pour vivre en société de façon harmonieuse et paisible. Nous retiendrons plusieurs points qui nous semblent essentiels.

Tout d'abord, chaque individu dans chaque société a le droit au bien-être. Comme nous l'avons vu, près de 1,5 milliard de personnes vivent dans une pauvreté multidimensionnelle, avec des privations cumulées en matière de santé, d'éducation et de niveau de vie et environ 800 millions de personnes sont vulnérables à des événements néfastes qui peuvent les faire retomber dans la pauvreté[60]. 70 millions des humains (1 % de l'humanité) détiennent la moitié du patrimoine mondial, soit 2,7 millions de dollars pour chacun d'eux. Les 99 % de l'humanité restante (environ 7 milliards de personnes) se partagent l'autre moitié du patrimoine mondial. Il y a bien là un cruel paradoxe et une injustice criante et inacceptable.

Seules, des politiques adéquates de la part de l'ensemble des États peuvent venir à bout de ces inégalités et mettre en place une solidarité mondiale pour réduire la fracture sociale à l'échelle mondiale. Comme l'écrit Joseph Stiglitz, « nous ne pourrons parvenir à réduire la vulnérabilité qu'en adoptant une approche systémique étendue[61] ».

Comment faire en sorte que « chaque individu ait la capacité de choisir et de mener sa vie[62] » ? Comment faire en sorte que chacun d'entre nous puisse connaître le bien-être ? Certes, comme l'écrit

---

[60] *Rapport sur le développement humain 2014*, PNUD, p. 245.

[61] PNUD, *Rapport sur le développement humain 2014*, chapitre 4.

[62] Pour Amartya Sen, l'idée de justice se définit comme une égale capacité des individus à choisir et à mener leur vie.

Amartya Sen, chaque individu a une conception différente du bien-être[63]. Nous étudierons toutefois ce sentiment de bien-être à partir d'une enquête Gallup de dimension mondiale, réalisée en 2013 et reprise par le PNUD[64]. Elle présente un double avantage : d'une part elle établit, pour chaque État, un indice de *satisfaction de vivre globale*[65], simple et performant, situant chaque État ayant répondu sur une échelle allant de 0 (insatisfaction maximale) à 10 (satisfaction maximale), et permettant donc de nombreuses et riches comparaisons ; d'autre part, elle interroge les enquêtés sur l'essentiel des indicateurs susceptibles de contribuer à la satisfaction de vivre globale des populations[66], au total 12 indicateurs complémentaires sur lesquels nous reviendrons plus loin.

Enfin, à cette enquête et sa multitude de données, nous avons aussi voulu adjoindre, pour l'ensemble de nos 20 États, un indice de démocratie[67] calculé la même année sur la quasi totalité des États de la planète et qui, à partir d'une échelle de 0 (absence totale de démocratie) à 10 (démocratie parfaite) en fournit le classement, permettant donc d'intéressantes comparaisons avec l'indice de satisfaction de vivre globale.

---

[63] Amartya Sen, *Repenser l'égalité*, Points, 2014, p. 125, note 1.

[64] *Rapport sur le développement humain 2014*, Tableau 16, Indicateurs supplémentaires : perceptions du bien-être, pp. 240-243.

[65] La question était la suivante : « Imaginez une échelle, avec des barreaux numérotés de 0 (en bas) à 10 (en haut). Supposons que le haut de l'échelle représente la meilleure vie possible et que le bas de l'échelle représente la pire vie que vous puissiez imaginer. Sur quel barreau de l'échelle avez-vous le sentiment de vous tenir en ce moment (en supposant que plus le barreau est haut, plus vous êtes satisfait de votre vie, et plus le barreau est bas, moins vous êtes satisfait de votre vie) ? Quel barreau correspond le mieux à ce que vous ressentez ? ». Chaque enquêté attribue un score, le score de chaque État en étant la moyenne.

[66] L'information est certes moins fine puisque, pour chaque item, la question est à réponse binaire (Êtes-vous satisfait...? Oui/non). Pour chaque État figure le pourcentage de réponses positives.

[67] *The Economist group.* Cf. Perspectives Monde, Université de Sherbrooke, données 2012.

La satisfaction de vivre globale et ses indicateurs complémentaires (Tableau 7, page suivante)

Parmi les 20 États de notre échantillon, 18, à l'exception du Bhoutan et de Cuba, ont répondu à l'enquête Gallup 2013. Le meilleur score est obtenu par la Norvège (7,7), suivie de très près par l'Islande (7,6) puis le Canada (7,4), deux autres États coutumiers des premières places, tandis que les plus faibles sont relevés, à quasi égalité en Haïti (4,4) et au Mali (4,3), et à peine plus élevés en Inde (4,6), trois États souvent aux dernières. Ces écarts entre les extrêmes, qui confirment des situations souvent rencontrées par ces mêmes États, montrent bien les liens étroits entre les faits qu'ils connaissent et les représentations qu'en ont leurs populations[68]. Tous les autres se répartissent en deux groupes: de moins de 7 à 6 et en léger retrait pour les quatre premiers - Brésil (6,9), Allemagne (6,7), Qatar (6,7) et France (6,6), mais en retrait plus sensible pour les trois derniers - République tchèque (6,3), Slovénie (6,1) et Corée du sud (6) ; entre 5 et moins de 6, et par conséquent avec des retraits plus marqués, Russie (5,6), Maurice (5,5), Roumanie (5,2), Afrique du Sud et Chine (5,1).

---

[68] Il y aurait même lieu de s'étonner que les écarts ne soient pas encore plus grands.

	SVG[1]	Démo[2]	SLC[3]	SES[4]	PNV[5]	MTL[6]	CEP[7]	PC[8]	EP[9]	APE[10]	CGN[11]	Edu[12]	Santé[13]	Trav[14]
Qatar	6,7	3,2	90	92	84	66	23	92	91	91	89	72	90	88
Norvège	7,7	9,9	92	87	90	54	-	92	34	52	66	78	82	91
Allemagne	6,7	8,3	90	79	90	46	31	94	50	67	52	60	86	91
Canada	7,4	9,1	92	84	86	43	42	91	45	60	52	74	75	90
France	6,6	7,9	83	67	83	16	20	86	44	53	43	67	78	81
Islande	7,6	9,6	87	80	81	33	-	75	34	55	26	78	79	93
Corée du S.	6,0	8,1	59	67	72	25	26	79	33	33	23	55	68	73
Slovénie	6,1	7,9	89	85	71	9	15	92	44	58	24	76	81	86
Rép. tchèque	6,3	8,2	71	59	65	11	24	84	21	52	17	62	71	78
Russie	5,6	3,7	51	39	42	26	24	72	12	17	45	39	27	70
Cuba	-	3,5	-	-	-	-	-	-	-	-	-	-	-	-
Roumanie	5,2	6,5	60	54	36	9	15	82	8	23	24	53	52	70
Maurice	5,5	8,2	83	55	64	38	-	91	-	79	67	-	77	85
Brésil	6,9	7,1	80	46	77	56	15	74	43	46	46	52	25	83
Afrique du S.	5,1	7,8	58	27	43	29	17	54	25	42	43	67	46	55
Chine	5,1	3,0	77	82		38	57	80	68	72	-	62	65	72
Bhoutan	-	4,6	-	-	73	-	-	-	-	-	-	-	-	-
Inde	4,6	7,5	57	61	47	30	20	75	39	40	54	69	48	67
Haïti	4,4	4,0	40	40	17	17	30	40	15	38	37	39	24	38
Mali	4,3	5,1	70	67	26	31	45	60	13	42	49	35	31	60

[1] Indice de satisfaction de vivre globale (0-10). [2] Indice de démocratie (0-10). [3] Satisfaction à l'égard de la liberté de choix (%). [4] Sentiment d'être en sécurité (%). [5] Perception du niveau de vie (%). [6] Marché du travail local (%). [7] Confiance entre personnes (%). [8] Perception de la communauté (%). [9] Efforts pour éradiquer la pauvreté (%). [10] Actions de protection de l'environnement (%). [11] Confiance à l'égard du gouvernement national (%). [12] Éducation (%). [13] Santé (%). [14] Travail (%).

Tableau 7. Démocratie et bien-être

Pour qui connaît même approximativement les situations économiques de ces États et les revenus de leurs populations, ou à plus forte raison leur niveau de développement humain, ce classement n'étonne pas, ou étonne peu, notamment pour les États se situant dans les deux groupes extrêmes : il reflète assez bien leur situation réelle, largement positive pour la Norvège, et positive pour le Canada ou l'Islande un peu moins riche, mais qui réussit souvent à se hisser aux premiers rangs, et à l'inverse nettement négative pour Haïti ou le Mali dont les revenus et le développement humain restent excessivement bas, ou négative pour l'Inde, qui connaît encore des situations de pauvreté et, surtout, d'inégalités insupportables, notamment entre les hommes et les femmes. Et, même dans les deux groupes plus intermédiaires, les situations très surprenantes restent assez rares. Certes, parmi les États dont le score se situe entre 6 et moins de 7, nous aurions pu attendre que le Qatar fasse mieux, notamment eu égard à ses énormes revenus, mais nous savons aussi les énormes inégalités et disparités qui le traversent, en particulier entre femmes et hommes, ainsi que les conditions avec lesquels il traite ses « migrants » ; de même, notamment eu égard à ses bons classements en éducation (enquêtes PISA), nous aurions pu attendre une satisfaction plus grande en Corée du Sud, mais nous savons aussi de quel prix ses habitants paient ces progrès ; le score du Brésil peut paraître un peu élevé mais cet État était alors en forte progression, et encore en plein essor économique ; et une fois de plus, nous retrouvons l'Allemagne et la France à une place que nous pourrions espérer un peu meilleure, mais comme en bien d'autres cas en position de quasi-égalité, alors que d'autres États, comme la République tchèque et la Slovénie, enregistrent de solides progrès. Enfin, dans le groupe dans lequel les scores varient entre 5 et moins de 6, les scores de la Russie et de l'Afrique du Sud peuvent étonner eu égard à leurs moyens économiques, mais s'expliquent largement dans le premier par les difficultés générales que rencontre cet État pour instaurer un régime démocratique, et les difficultés que rencontre le second pour réduire des inégalités criantes et améliorer son système de santé.

Mais revenons aux indicateurs de satisfaction de vivre. Un large choix était sans doute indispensable, car la notion de bien-être est bien évidemment complexe, ainsi que son évaluation. En fait, l'enquête a retenu un total de 12 indicateurs qui permettent d'évaluer les satisfactions ou insatisfactions sous trois aspects différents mais complémentaires. D'abord, et sur des sujets concrets qui les concernent directement, eux-mêmes ou leurs proches, leurs enfants par exemple, il s'agit de solliciter leur propre point de vue sur les situations souvent quotidiennes et individuelles qu'ils connaissent ; six indicateurs ont été retenus : la qualité de l'éducation et celle des soins de santé, leur niveau de vie et leur propre rapport au travail, leur perception de la sécurité et leur niveau de satisfaction par rapport à la liberté de choix. Trois autres indicateurs ont été retenus pour leur permettre de formuler un avis quant à leur environnement social : satisfaction ou insatisfaction par rapport au marché du travail dans leur ville ou région, confiance ou méfiance par rapport à la population côtoyée, satisfaction ou insatisfaction quant à la communauté regroupée. Enfin, trois autres indicateurs permettent de cerner leurs rapports avec leurs gouvernements : satisfaction ou insatisfaction concernant les efforts déployés pour éradiquer la pauvreté ou les actions pour protéger l'environnement, confiance ou méfiance à l'égard du gouvernement national.

Et, bien évidemment, ces trois niveaux interfèrent. Prenons-en un exemple, celui de la liberté de choix. C'est bien sûr une liberté d'agir au quotidien, de choisir son école, son médecin ou son emploi ; mais aussi de choisir, de façon plus large, son lieu ou son mode de vie, voire son pays ou son gouvernement, et en même temps d'être en capacité de mieux contribuer au savoir vivre ensemble et au respect de l'autre, une condition majeure de l'avancée vers une société plus juste. Mais c'est une liberté qui ne peut résulter que d'une éducation accrue, à l'altérité par exemple. Car, dans nos sociétés multiculturelles et métissées[69] - aucune société ne peut se dire aujourd'hui monoculturelle - le sentiment de bien-être est lié à l'intégration des minorités, à la coexistence pacifique des cultures et des religions et au sentiment d'appartenir à une même communauté. Et, là encore, le seul moyen de lutter contre les intolérances ou les communautarismes, c'est l'éducation. Or, à ce jour et compte tenu des différentes expériences connues, c'est encore le gouvernement démocratique qui semble le mieux – ou le moins mal - à même de répondre à cette aspiration. C'est pourquoi il nous a semblé indispensable d'intégrer l'indice de démocratie dans ce travail.

Au total, est réuni un ensemble de données assez inépuisable, dont nous ne retiendrons que les aspects essentiels[70], mais à partir desquels nous effectuerons les croisements les plus significatifs : d'abord un croisement entre la satisfaction de vivre globale et l'indice de développement humain, puis un autre entre sentiment de liberté de choix et démocratie ; un peu plus loin, trois autres : satisfaction de vivre globale et inégalités de revenus à l'intérieur des États, sentiment de liberté de choix et pertes de développement humain, démocratie et inégalités de revenus à l'intérieur des États.

Mais, d'ores et déjà, l'observation de ces indicateurs complémentaires peut nous aider à mieux comprendre les valeurs

---

[69] « Nous sommes tous métissés, arlequinés », Michel Serres, *Le Tiers-Instruit*.

[70] Ne figurent dans le tableau 7 que les séries de données que nous avons utilisées.

de l'indice global, voire les éventuelles contradictions entre ces valeurs globales et les mesures des satisfactions et insatisfactions dans des domaines plus spécifiques. Pour l'essentiel, à travers les réponses portant sur les différents domaines, se retrouvent les hiérarchies observées à partir de l'indice global.

- La Norvège figure toujours dans le groupe de tête, rejointe le plus souvent par le Canada ou d'autres États *très riches* ou *riches* comme l'Allemagne ou la France, souvent à égalité, mais aussi l'Islande. La Norvège, l'Allemagne et, dans une moindre mesure, la France, restent cependant plus critiques en ce qui concerne l'éducation que la santé, tandis que l'Islande et le Canada font davantage jeu égal ; et tous, à l'exception de l'Islande (75 %), perçoivent très positivement la communauté dans laquelle ils vivent (plus de 90 %).
- Souvent un peu en retrait, mais restant à des niveaux élevés sur la plupart des critères, se retrouvent la Corée du Sud[71], ainsi que Maurice, la République tchèque et la Slovénie, trois États pourtant dotés de moyens économiques inférieurs, notamment Maurice, mais semblant en mesure de progresser, et marquant notamment une assez bonne confiance dans leurs systèmes de santé ou d'éducation, avec des taux plutôt supérieurs à ceux qui sont observés en Corée du Sud, en particulier en éducation. Relevons encore que la Slovénie et Maurice comptent parmi les États dont le taux de perception positive de la communauté est très élevé : plus de 90 %.
- La Chine, si l'on se réfère à son indice de satisfaction globale (5,1), qui correspond assez bien à sa situation économique réelle[72], se situe à un niveau assez élevé dans de nombreux domaines, par exemple en éducation et santé (plus de 60 % de satisfaits) ou quant au niveau de vie (plus de 70 %), ou encore quant à sa perception des efforts d'éradication de la pauvreté (68 %) ou des actions de protection de l'environnement (72 %) ; de surcroît, elle observe un taux élevé quant à la perception de la sécurité (77 %). Elle détient la meilleure performance de ce groupe

[71] Notons cependant qu'elle est peu satisfaite quant au domaine de l'éducation où, portant, elle figure parmi les meilleurs au niveau mondial (PISA).
[72] Mais, on le sait, cette moyenne recouvre des situations très différentes.

(la seule qui dépasse 50 %) en ce qui concerne la confiance entre les personnes (57 %).

- Haïti et le Mali, qui connaissent les deux valeurs les plus basses de l'indice global (4,4 et 4,3), se partagent aussi les plus faibles taux de satisfaction dans les domaines les plus essentiels pour leur devenir : dans l'ordre, 39 et 35 % en éducation, 24 et 31% pour les soins de santé, ou encore, 17 et 26 % de satisfaits quant au niveau de vie ; et nous pourrions poursuivre, à propos de ces deux populations conscientes de leur inacceptable sort.

- Parmi les autres, le Qatar, malgré les inégalités qu'il connaît, se situe au plus haut niveau dans de nombreux domaines : autour de 90 % et plus quant à la santé, le travail, la liberté de choix, la sécurité, la perception de la communauté et les trois indicateurs relatifs au gouvernement ; un peu moins en ce qui concerne le niveau de vie (84 %) et, surtout, en éducation (72 %) ; au total, un seul taux inférieur à 50 %, celui de la confiance entre les personnes (23 %).

- L'Afrique du Sud, dont l'espérance de vie reste *très faible* et l'indice global équivalent à celui de la Chine, observe une satisfaction assez élevée en éducation (67 %), mais nettement plus basse dans le domaine de la santé (46 %) ou quant au niveau de vie (43 %); les autres taux varient un peu dans le même sens : par exemple, la confiance envers le gouvernement n'atteint que 46 %, la perception positive de la communauté 54 %, le sentiment de sécurité 27 %, tandis que la confiance entre les personnes s'abaisse à 17 %.

- Le Brésil qui, parmi les grands émergents, obtient le meilleur indice global (6,9, bien plus que la Russie, 5,6) est surtout satisfait quant au travail (83 %), à la liberté de choix (80 %), au niveau de vie (77 %) ou quant à sa perception de la communauté, et plus critique sur la plupart des autres dimensions, dont sa confiance dans le gouvernement, la sécurité et la confiance entre les personnes ; et il est assez critique en ce qui concerne l'éducation (52 % de satisfaits), et bien davantage quant à son système de santé (25 % de satisfaits, l'un des plus faibles taux relevés).

- L'Inde, dont l'indice global (4,6) est plus proche de celui de Haïti ou du Mali que de celui de la Chine, et dont les moyens économiques sont assez intermédiaires, rencontre aussi des difficultés dont ses habitants semblent avoir une bonne conscience:

moins de la moitié (48 %) sont satisfaits de leur système de santé et, de même, moins de la moitié (47 %) de leur niveau de vie ; à peine plus de la moitié (57 %) déclarent exercer une certaine liberté de choix et 54 % déclarent faire confiance à leurs gouvernements. De fait, leur confiance ne s'élève, et assez modestement, qu'en ce qui concerne l'éducation (69 %) ou la sécurité (61 %) et la perception positive de leur communauté (75%). Au total, ce n'est pas l'extrême misère du Mali ou de Haïti, mais nous restons loin des autres États, et même de la Chine.

- Enfin, la Russie et la Roumanie. Il faut d'abord rappeler qu'ils appartiennent l'un et l'autre au 9e décile, celui des États *très riches*, même s'ils y figurent en fin de liste ; et leurs indices de développement humain, qui sont assez proches (dans l'ordre, .778 et .785), ou leurs indices de satisfaction globale (dans l'ordre 8,6 et 5,2) sont très inférieurs à ceux de la République tchèque ou de la Slovénie par exemple. De surcroît, cette insatisfaction de leurs populations est quasi généralisée : s'ils restent assez satisfaits de leur rapport au travail (l'un et l'autre à 70 %, ce qui est néanmoins faible par rapport aux États comparables), ils ne sont plus que 42 % en Russie et 36 % en Roumanie à l'être en ce qui concerne leur niveau de vie. Plus encore, les taux de satisfaction en éducation et santé s'abaissent respectivement à 53 et 52 % en Roumanie, des taux bien inférieurs à ceux de la Chine ; et ils s'abaissent encore davantage en Russie : 39 et 27 %, des taux proches de ceux qui sont observés en Haïti ou au Mali. Pour la plupart, les autres taux suivent le même mouvement, notamment ceux qui concernent la confiance dans leurs gouvernements.

Le Bhoutan et Cuba n'ont pas répondu. Nous le regrettons d'autant plus que les apports de cette enquête nous paraissent riches et intéressants. Le Bhoutan avait été retenu parce qu'il conduisait alors une expérimentation qui visait à développer à la fois son système d'éducation et son système de santé, notamment en promulguant, dans ces deux secteurs, la gratuité totale pour tous : mais il semble que le projet n'ait pas été poursuivi. Cuba produit, en particulier et depuis longtemps, des résultats dans ces deux secteurs qu'il faudrait mieux comprendre : nous y reviendrons.

Comme nous venons de le voir, ces indices de satisfaction mettent bien en évidence la capacité de juger des diverses populations ayant été interrogées, quel que soit leur niveau de développement humain et quels que soient les revenus dont elles disposent, mais aussi la pertinence et la validité de ces jugements : ces représentations sont à la fois une image de la réalité qu'elles vivent au quotidien, mais aussi le reflet de ce qu'elles espèrent ou voudraient qu'elle soit. Une bonne illustration est donnée par la satisfaction qu'expriment les populations à propos de l'éducation : pratiquement dans tous les cas, elle est inférieure à celles qui sont observées dans les autres domaines et n'atteint jamais 80 %, la borne inférieure du niveau le plus élevé, même en Norvège ; toutes les populations, des plus riches aux plus pauvres, n'auraient-elles pas compris, avant même leurs dirigeants, le rôle essentiel de l'éducation, quant au développement humain et au progrès dont il est porteur ?

Satisfaction de vivre globale et développement humain

Selon l'indice de satisfaction de vivre globale[73], parmi les États étudiés[74] qui sont classés par le PNUD dans les pays à « développement humain très élevé », c'est la Norvège (7,7 sur 10) qui est en tête, suivie de très près par l'Islande (7,6) et le Canada (7,4). Les autres - Allemagne (6,7), Qatar (6,7), France (6,6), République tchèque (6,3), Slovénie (6,1) et Corée du sud (6) - se regroupent entre 6 et moins de 7, en léger décalage avec les précédents. Cuba n'a pas renseigné cette donnée.

Parmi les États classés dans les pays à « développement humain élevé », c'est le Brésil (6,9) qui est en tête pour le sentiment de satisfaction de vie. Il se situe donc entre le Canada et l'Allemagne dans le classement des États précédents, suivi d'un troisième groupe assez compact : la Russie (5,6), Maurice (5,5), la Roumanie (5,2) et la Chine (5,1).

Parmi les pays à « développement moyen », l'Afrique du sud a un indice de 5,1, comparable à celui de la Chine et à ceux du troisième groupe, tandis que l'Inde obtient un score de 4,6. Le Bhoutan n'a pas renseigné cette donnée.

---

[73] Cf. note 65.

[74] Les 20 États observés ici sont bien évidemment les États précédemment retenus dans les chapitres 1 et 2 de la première partie.

Enfin, dans les pays à « développement humain faible », Haïti (4,4) et le Mali (4,3) obtiennent des scores très comparables, et proches de celui de l'Inde.

La corrélation entre les deux séries de mesures est nette.

Satisfaction de vivre globale

Devant chaque État figure le rang de classement de ses revenus (sur 187 États)

*Donnée 2011

Satisfaction de vivre globale	Indice de développement humain (IDH) : Très élevé	Élevé	Moyen	Faible
7 et plus	6-Norvège 19-Canada 26-Islande			
6 - 6,9	1-Qatar 14-Allemagne 25-France 33-Corée du S. 36-Slovénie 42-R. tchèque	76-Brésil		
5 – 5,9		46-Russie 62-Roumanie 66-Maurice 88-Chine*	84- Afr. du Sud 130-Inde	
Moins de 5				165-Haïti 171-Mali

Non classés : 56-Cuba ; 118-Bhoutan

Parmi les 18 États ayant renseigné, huit sont en concordance *très forte,* marquant des résultats de même niveau sur les deux dimensions. Et aucune discordance n'est observée.

- Les trois premiers avec un IDH *très élevé* et un score *très élevé,* égal ou supérieur à 7 : Norvège et Canada qui, de surcroît, disposent de revenus *très élevés* (RNB/h), et sont néanmoins rejoints par l'Islande, malgré des revenus plus modestes (9e décile) ;
- Le Brésil, dont l'IDH est *élevé* et qui est classé au second niveau (6-6,9, *élevé*). A noter que cet État réalise le meilleur score des États de son niveau de revenus (8e décile), avant l'Afrique du Sud par exemple ;
- L'Afrique du Sud et l'Inde font aussi jeu pratiquement égal sur les deux dimensions (IDH *moyen* et score de troisième niveau, *moyen* (5–5,9). Nous y retrouvons les difficultés que connaissent ces deux États, le premier malgré des revenus acceptables (8e décile) mais de lourdes séquelles liées à la longue période de l'apartheid), le second parce qu'une grande partie de son peuple

connaît encore, dans de nombreux domaines, des situations intolérables ;

- Enfin, Haïti et le Mali, aux IDH *faibles* associent de *faibles* satisfactions de vivre globales, caractéristiques de situations de survie pour la plus grande part de leurs populations respectives.

Pour les 10 autres, la concordance est moins forte, mais les classements restent dans des catégories immédiatement voisines. Nous la nommerons concordance *atténuée*.

- Six États associent un IDH *très élevé* à un score de satisfaction globale *élevé*. La situation du Qatar est assez spécifique : eu égard aux revenus, de très loin les plus élevés de la planète, nous pourrions imaginer une satisfaction de vivre inégalable, mais nous avons vu les inégalités qui le caractérisent, notamment les inégalités entre les hommes et les femmes... L'Allemagne et la France, une fois de plus, font jeu pratiquement égal sur les deux dimensions ; et leurs scores de satisfaction sont assez élevés (6,7 et 6,6) pour que ces deux États puissent se rapprocher des meilleurs : à condition, selon nous, qu'ils aient un projet. Les scores des trois derniers – Corée du Sud, Slovénie et République tchèque – restent un peu moins élevés, mais ils ont en commun un IDH déjà *très élevé* et des ambitions, mais aussi un potentiel, notamment en éducation qui devraient leur permettre de poursuivre leurs avancées.
- La Russie, la Roumanie, Maurice et Chine présentent des écarts de même sens que les précédents, mais aux niveaux immédiatement inférieurs : à des IDH *moyens* correspondent des scores de satisfaction *moyens,* entre 5 et 5,9. Eu égard à ses revenus (*élevés* – 9e décile), la Russie aurait pu espérer un meilleur classement. La Roumanie et Maurice, qui nous paraissent deux États en capacité de progression, et désireux de progresser, semblent bien engagés et nous sembleraient mériter d'être encouragés et aidés ; et pour l'Union européenne, sans doute la Roumanie devrait-elle être l'une des priorités. Reste la Chine, dont il est difficile de prévoir l'évolution.

Sentiment de liberté de choix[75] et démocratie

Concernant le sentiment de liberté de choix, la Norvège est à nouveau en tête, à égalité avec le Canada (92 %) et le taux le plus faible (40 %) est relevé en Haïti.

- Parmi les 10 États dans lesquels l'IDH est *très élevé,* sept enregistrent des taux *très élevés* (supérieurs à 80 %), dont quatre avec des taux égaux ou supérieurs à 90 %, le Qatar et l'Allemagne (90 %) approchant la Norvège et le Canada déjà cités : tous ont des revenus *très élevés* ; les suivent de très près ou de près trois États aux revenus *élevés* : la Slovénie (89 %), l'Islande (87 %) et la France (83 %). La République tchèque (71 %), se classe au niveau *élevé* (60-79 %), ce qui reste en correspondance avec son niveau de revenus (9e décile), mais néanmoins en décalage par rapport à la Slovénie par exemple. Le décalage est encore plus accentué pour la Corée du Sud qui, avec un taux de 59 % certes limite, et malgré des revenus *élevés*, se retrouve dans le groupe de taux *moyen* (40-59%). Cuba n'a pas renseigné.
- Les cinq États dont l'IDH est *élevé* se répartissent ainsi : deux d'entre eux, Maurice (83 %) et le Brésil (80 %), rejoignent les États de niveau *très élevé,* l'un et l'autre ne disposant que de revenus *moins élevés* (8e décile) ; deux autres, la Roumanie (60 %) et la Chine (77 %), le premier avec des revenus *élevés* et le second des revenus *médians*, atteignent le niveau *élevé* (60-79 %), mais avec des taux (60 % et 77 %) un peu surprenants et inversés par rapport aux moyens ; enfin, la Russie, avec un taux parmi les plus faibles (51 %, et un classement au niveau *moyen,* 40-59 %), malgré des revenus *élevés.*
- Trois États ont un IDH *moyen*. Parmi eux, le Bhoutan n'a pas renseigné cette donnée. L'Afrique du Sud, avec des revenus la

[75] Il mesure le taux de satisfaction des populations quant à la liberté de choix. Les taux élevés sont assez fréquents, tandis que les taux très bas sont rares. Pour mieux lire leur répartition, ils seront partagés en fonction des bornes suivantes : 80 % et plus ; 60 à 79 % ; 40 à 59 % ; moins de 40 %. La question exacte était la suivante : « Êtes-vous satisfait de votre liberté de choix en matière de choix de vie, dans ce pays ? ». Pour les autres comparaisons de taux, cette répartition sera réutilisée.

classant dans le 8e décile, et l'Inde avec des revenus intermédiaires entre ceux des États *médians* et ceux des États *pauvres*, sont classés au niveau *moyen* avec des taux équivalents, 58 % pour le premier et 57 % pour le second. Sans doute encore des traces de l'apartheid et de fortes inégalités pour l'un, et aussi de fortes inégalités, notamment entre les hommes et les femmes, pour l'autre.

- Dans les deux États à développement humain *faible*, et dont les revenus sont *très faibles*, Haïti, avec un taux de 40 %, se classe d'extrême justesse au niveau *moyen*, tandis que le Mali éprouve encore un sentiment de liberté *élevé* puisque son score est de 70 %. Deux États qui connaissent des situations totalement intolérables, et le Mali connaîtrait-il encore ce taux aujourd'hui, eu égard aux drames qu'il traverse ?

Classons aussi ces États en fonction de leurs indices de démocratie et selon la grille proposée par ses concepteurs[76].

- La Norvège est à nouveau en tête, avec un score quasi maximal (9,9/10), suivie de près par l'Islande (9,6), puis d'un peu plus loin par le Canada (9,1). Encore au dessus de 8, se constitue un groupe très compact : l'Allemagne (8,3), Maurice (8,2), la République tchèque (8,2), la Corée du Sud (8,1). Ces sept États, dont les scores varient entre 8 et 10, relèvent donc de la démocratie *complète.*
- Au niveau des démocraties *incomplètes,* se rassemblent d'abord, avec des scores très proches, et très proches des scores les plus bas du groupe précédent, la Slovénie (7,9), la France (7,9), et l'Afrique du Sud (7,8). Toujours au dessus de 7, suivent l'Inde (7,5) et le Brésil (7,1), puis, au dessous de 7, la Roumanie (6,5). Au total, six États.
- Le groupe dit à régime *hybride* en compte trois : le Mali (5,1), le Bhoutan (4,6) et Haïti (4), juste à la borne inférieure.
- Enfin, quatre États se regroupent dans la catégorie régime *autoritaire* : la Russie (3,7), Cuba (3,5), Qatar (3,2) et la Chine (3). Tous ont renseigné.

[76] Les concepteurs de l'indice en proposent un classement que nous reprendrons : 8 et plus – démocratie *complète* ; 6 à 7,9 – démocratie *incomplète* ; 4 à 5,9 – régime *hybride* ; moins de 4 – régime *autoritaire*.

Qu'en est-il du croisement entre ces deux séries de données ?

		Démocratie			
		8 et plus Complète	**6 – 7,9 Incomplète**	**4 – 5,9 Hybride**	**Moins de 4 Autoritaire**
Sentiment de liberté Devant chaque État, figure le rang de classement de ses revenus (sur 187 États)	**80 % et plus**	6-Norvège 14-Allemagne 19-Canada 26-Islande 66-Maurice	25-France 36-Slovénie 76-Brésil		1-Qatar
	60 – 79 %	42-R. tchèque	62-Roumanie	171-Mali	88-Chine*
	40 - 59 %	33-Corée du S.	84-Afrique du S 130-Inde	165-Haïti	46-Russie
	Moins de 40 %				

*Donnée 2011 — 56-Cuba : démocratie – 3,5 ; sentiment de liberté-NR.
118-Bhoutan : démocratie - 4,6 ; sentiment de liberté-NR

Au total, 18 États ont renseigné sur les deux dimensions ; deux, Bhoutan et Cuba n'avaient pas renseigné quant au sentiment de liberté. Parmi les 18, sept sont en concordance *forte* (classements de même niveau par rapport aux deux variables) et huit en concordance *atténuée* (classements à des niveaux immédiatement voisins) ; trois sont en discordance (classements sur des niveaux plus éloignés).

- Parmi les sept, cinq se situent en position très favorable sur les deux dimensions : la Norvège est suivie de très près par le Canada, en capacité de la rejoindre, mais également par l'Allemagne et l'Islande, un peu plus éloignés, puis Maurice, qui gagnerait sans doute à pouvoir rehausser les revenus de sa population. La Roumanie occupe le second niveau par rapport aux deux classements mais, dans les deux cas, est nettement plus près des bornes inférieures. Ses difficultés sont sans doute liées à la longue et rude période de dictature que cet État a traversée, mais il a aussi, nous l'avons vu par ailleurs, un potentiel de développement loin d'être négligeable. Enfin, Haïti se trouve au troisième niveau dans les deux cas, mais exactement aux bornes inférieures, reflétant la dégradation subie par ce pays après le séisme et ses conséquences : une pauvreté insoutenable et une situation humainement inacceptable.

- Parmi les huit, quatre sont en léger décalage par rapport au groupe Norvège : trois d'entre eux, la France, la Slovénie et le Brésil, avec des taux *très élevés* concernant le sentiment de liberté et un classement en démocratie *incomplète,* mais un écart très ténu (7,9 au lieu de 8) pour les deux premiers – la France, par exemple, reste assez proche de l'Allemagne et la Slovénie de Maurice -, plus élevé au Brésil (7,1), dans lequel les séquelles de la période de dictature sont tenaces[77] ; c'est l'inverse en République tchèque, une démocratie *complète* mais avec un sentiment de liberté un peu atténué (71 %), le symétrique du Brésil en quelque sorte. De la même manière, trois États se répartissent autour de la Roumanie : le Mali, avec un même classement, mais un meilleur score, concernant le sentiment de liberté et une démocratie moins affirmée (régime *hybride*, comme en Haïti) ; l'Afrique du Sud et l'Inde, du fait des bornes, paraissent dissemblables, mais en réalité sont quasi identiques, car les scores quant au sentiment de liberté sont pratiquement les mêmes (60 % en Roumanie, 58 en Afrique du Sud et 57 en Inde). La situation est assez comparable si l'on observe la Russie par rapport à Haïti : un même classement quant au sentiment de liberté, avec un très léger avantage à la Russie quant au score, mais un écart des indices de démocratie très faible (4, la valeur de la borne pour Haïti et 3,7 pour la Russie).
- Qu'en est-il des trois États dits en discordance ? Pour le moins, ces discordances sont étonnantes. Parmi les États à régimes *autoritaires*, le Qatar (3,2) compte 90 % de sa population se déclarant satisfaite quant à la liberté de choix dans son pays, presqu'autant qu'en Norvège ou au Canada, et presque le double de la Russie, ce qui ne semble pouvoir s'expliquer que par des critères culturels différents[78] ; d'ampleur moindre, la même tendance est observée en Chine (3), qui n'a, non plus, jamais connu de régime de type démocratique tel que celui qui est évalué ici, et

[77] Lula a certes réussi à faire progresser la démocratie dans le domaine politique, mais sans réussir à faire reculer totalement les inégalités sociales.

[78] C'est un État qui n'a connu d'autre régime que le régime autoritaire, et ce taux reflète sans doute l'opinion des Qataris, mais plus précisément l'opinion dominante, celle des hommes, et en aucune façon celle des étrangers, qui n'y sont que des « intrants ».

observe un taux de 77 %. Enfin, et à l'inverse, la Corée du Sud qui a adopté un système politique proche des systèmes d'origine européenne, marque un degré de satisfaction plus modeste (59 %), sans doute aussi pour des raisons culturelles spécifiques[79].

Vers trois autres croisements

A partir de l'enquête Gallup, nous avons débuté l'analyse des représentations, sur des échantillons représentatifs des populations de cet ensemble de 20 États, notamment quant à la satisfaction de vie, perçue globalement à travers un indice bien réparti, et plus spécifiquement à partir d'une série d'indicateurs permettant de hiérarchiser des taux pour chacun des principaux domaines considérés (niveau de vie, éducation, santé et travail...), mais aussi quant aux variations du ressenti des populations vis-à-vis de la liberté de choix dont elles pensaient effectivement disposer. Les croisements de ces représentations montrent bien qu'elles ne sont pas sans lien, mais aussi en lien avec d'autres données, et en particulier avec l'indice de développement humain, qui rappelle et synthétise le potentiel de chacun des États.

Le recours à l'indice de démocratie a permis non seulement d'établir une hiérarchie selon quatre groupes d'États et de mieux comprendre, d'une part les attentes et les niveaux de satisfaction des populations vis-à-vis de leurs gouvernements nationaux respectifs - effort pour éradiquer la pauvreté, actions de protection de l'environnement, confiance à son égard -, d'autre part les variations quant au sentiment de sécurité, à la confiance entre les personnes et au sentiment d'appartenir à une communauté d'humains. Le recours à l'indice de démocratie a permis également de montrer la force du lien entre démocratie et bien-être : les démocraties complètes sont, pour le moins, le moins mauvais système de fonctionnement des États, et sans doute l'une des conditions essentielles du développement humain.

Pour compléter cette analyse concernant les 20 États, il semble important, même si cela a été dit à plusieurs reprises, notamment à

79 Par exemple, le Japon, sur ce taux, se différencie aussi des taux élevés de la Norvège et du Canada, n'atteignant que 70 %.

propos des États les plus pauvres, de montrer plus systématiquement encore le lien constant entre bien-être, ou mal-être, et égalités, ou inégalités, quel que soit le domaine concerné par les inégalités. Nous en avons choisi trois exemples, qui seront successivement traités.

1. Existe-t-il un lien entre la satisfaction de vivre globale et les inégalités de revenus à l'intérieur des États ?

Observons les classements des États en fonction des deux séries de données.

		Inégalités de revenus - G de Gini				
Satisfaction de vivre globale		**Très égalitaire**	**Égalitaire**	**Intermédiaire**	**Inégalitaire**	**Très inégalitaire**
Devant chaque État figure le rang de classement de ses revenus (sur 187 États)	**7 et plus**	6-Norvège 26-Islande	19-Canada			
	6 - 6,9	14-Allemagne 25-France 42-R. tchèque	33-Corée du S. 36-Slovénie	1-Qatar	76-Brésil	
	5 – 5,9	62-Roumanie		46-Russie 66-Maurice 88-Chine*		84-Afrique du S.
	4 – 4,9		130-Inde 171-Mali			165-Haïti
	Moins de 4					

*Donnée 2011.NR sur les deux dimensions : 56-Cuba ; NR sur SVG : 118-Bhoutan

Sur 18 États ayant renseigné, sept sont en concordance *très forte* : l'Islande et la Norvège au plus haut niveau ; la Corée du Sud et la Slovénie au second, qui pourraient accroître leur satisfaction de vivre si les inégalités de revenus diminuaient ; la Russie, Maurice et la Chine au niveau *intermédiaire*, qui pourraient aussi espérer progresser quant à la satisfaction de vivre en diminuant les inégalités de revenus.

Six sont en concordance *atténuée*. Le Canada d'une part, et l'Allemagne, la France et la République tchèque d'autre part, sont en quelque sorte symétriques : bien qu'il ne soit qu'*égalitaire*, le Canada atteint le niveau le plus élevé tandis qu'à l'inverse, les trois autres États, quoique *très égalitaires*, abaissent légèrement ce niveau de satisfaction ; mais tous sont très proches de la Norvège ou de l'Islande. Le Qatar, malgré des inégalités de revenus de niveau *intermédiaire,* observe une satisfaction *élevée,* parce que le niveau des revenus est tel qu'une distribution peu égalitaire n'entraîne pas la pauvreté de leur population, et même des femmes pourtant inégalement traitées, à condition d'être qataris. Haïti, malgré une misère insoutenable et des inégalités accablantes, conserve une satisfaction de vivre un peu supérieure aux attentes ; et c'est bien la preuve qu'il serait capable de se reconstruire, si une aide internationale décente lui était octroyée.

Les cinq autres États sont en discordance. La Roumanie, l'Inde et le Mali déclarent des satisfactions de vivre inférieures à ce qu'elles devraient être eu égard aux inégalités : le premier a longtemps éprouvé d'énormes difficultés à surmonter la longue période de dictature mais semble commencer à émerger, notamment en accroissant ses revenus ; les deux autres connaissent encore des situations de pauvreté qui entravent fortement leur développement humain, et le Mali vit de surcroît une période très troublée. L'Afrique du Sud et le Brésil présentent la situation inverse : leur satisfaction de vivre est assez supérieure à celle qui aurait pu être attendue : sans doute parce qu'ils ont entamé un combat contre les inégalités, un combat indispensable à leur progression, et un combat difficile car les forces conservatrices, dans l'un et l'autre États, sont loin d'avoir désarmé.

2. Qu'en est-il du lien entre sentiment de liberté de choix et pertes de développement humain ?

Ces pertes de développement humain, que le PNUD a bien su identifier, et estimer, c'est la partie de développement humain disponible (le potentiel correspondant à l'IDH) définitivement perdue compte tenu des inégalités subies dans les divers domaines (notamment revenus, santé et éducation) par les populations des États : c'est un énorme gâchis[80].

La corrélation entre les deux séries de mesures est forte (Tableau page suivante).

---

[80] Dans une note de lecture de Maryline Baumard publiée dans *Le Monde* à propos de l'ouvrage *Les inégalités dans l'Union Européenne et ailleurs. Et si on osait ?* (G. Langouët, L'Harmattan, 2014), ce quotidien en avait fait son titre : « Un gâchis français », *Le Monde*, 22 mai 2014.

Sentiment de liberté		Pertes de développement humain			
		Très faibles	**Faibles**	**Moyennes**	**Fortes et très fortes**
Devant chaque État figure le rang de classement de ses revenus (sur 187 États)	**80 % et plus**	6-Norvège 14-Allemagne 19-Canada 25-France 26-Islande 36-Slovénie	66-Maurice		76-Brésil
	60 – 79 %	42-R. tchèque	62-Roumanie		88-Chine*
	40 - 59 %		46-Russie	33-Corée du S.	130-Inde 165-Haïti
	Moins de 40 %				

*Donnée 2011. Non classés : 1-Qatar ; 56-Cuba ; 84-Afrique du S. ; 118-Bhoutan ; 171-Mali

Sur 15 États ayant renseigné, huit sont en concordance *forte*, cinq en concordance *atténuée* et deux en discordance.

Parmi les huit, six, entraînés par la Norvège, dont l'Allemagne et la France, sont au plus haut niveau sur les deux dimensions. La Roumanie, dont nous avons à plusieurs reprises souligné la progression, se situe au niveau *élevé* dans les deux cas, tandis que la Corée du Sud reste *intermédiaire*, car les pertes que subit cet État restent *moyennes*.

Parmi les cinq États en concordance *atténuée,* Maurice et la République tchèque approchent le groupe de tête et semblent en bonne capacité de le rejoindre, le premier en réduisant ses pertes, le second en accroissant son taux de satisfaction. La Russie marque des difficultés, que sa population ressent et exprime par un taux relativement bas quant à sa liberté de choix, et inférieur à celui de la population roumaine, malgré de *faibles* pertes sensiblement équivalentes. A l'inverse, malgré des pertes *élevées*, l'Inde et le Mali conservent un sentiment de liberté de choix qui les rapproche de la Russie, malgré des situations très difficiles et sans comparaison, qui ont déjà été soulignées.

La Chine et le Brésil sont en discordance : malgré de lourdes pertes de développement humain qu'il serait nécessaire de réduire, et qui nécessitent la réduction des inégalités qu'elles subissent, leurs populations marquent assez nettement leurs espoirs de progrès.

3. Portons enfin un regard sur le croisement entre les indices de démocratie et d'inégalités de revenus à l'intérieur des États.

Démocratie		Inégalités de revenus - G de Gini Très égalitaire	Égalitaire	Intermédiaire	Inégalitaire	Très inégalitaire
Devant chaque État figure le rang de	8 et plus	6-Norvège 14-Allemagne 26-Islande 42-R.. tchèque	19-Canada 33-Corée du Sud	66-Maurice		
classement de ses revenus	6 - 7,9	25-France 62-Roumanie	36-Slovénie 130-Inde 171-Mali		76-Brésil	84- Afrique du S.
(sur 187 États)	4 – 5,9			1-Qatar 118-Bhoutan		165-Haïti
*Donnée 2011	2 – 3,9			46-Russie 56-Cuba	88-Chine*	
	Moins de 2					

Tous les États ont renseigné. 10 sont en concordance forte, six en concordance atténuée et quatre en discordance.

Parmi les 10, quatre, la Norvège, l'Allemagne, l'Islande et la République tchèque sont au plus haut niveau sur les deux dimensions ; sur l'ensemble de nos observations, la République tchèque reste un peu plus éloignée de la Norvège que l'Allemagne et l'Islande, mais elle progresse. La Slovénie, l'Inde et le Mali se rassemblent au second niveau mais présentent des situations très dissemblables : la Slovénie progresse dans bien des domaines, se rapproche des grands États européens, et figure parmi les anciennes républiques socialistes qui réussissent, comme la République tchèque ; à l'inverse, le premier problème de l'Inde ou du Mali, c'est de sortir de la pauvreté, ce qui semble difficile sans aide internationale. Le Qatar et le Bhoutan se retrouvent côte à côte dans le groupe *intermédiaire* ; leur problème commun, c'est sans doute d'avancer vers davantage de démocratie : le premier en a les moyens et sa première avancée consisterait à respecter les populations étrangères qu'il exploite et traite de façon honteuse ; le second, coincé entre l'Inde et la Chine, a bien tenté quelques expériences qui n'étaient pas sans intérêt mais qui ont, semble-t-il, été abandonnées. Enfin, il paraît difficile de prévoir l'avenir de la Chine, qui reste *inégalitaire* et très peu avancée sur le chemin de la démocratie.

Parmi les six États en concordance *atténuée,* quatre se rapprochent du groupe Norvège : deux, le Canada et la Corée du Sud, un peu moins égalitaires et deux, à l'inverse, classés parmi les démocraties *incomplètes* : le Canada est, de manière plus globale, plus proche de la Norvège que la Corée du Sud et la France, plus proche de la Norvège ou de l'Allemagne que la Roumanie. La Russie et Cuba se retrouvent en position *intermédiaire* quant aux inégalités de revenus et parmi les régimes *autoritaires* ; mais d'importantes différences entre ces deux États ont été relevées, notamment quant à la santé et l'éducation : le premier semble au moins stagner, tandis que le second progresse.

Qu'en est-il des quatre États en discordance ? Maurice est une démocratie *complète* mais qui connaît des inégalités de revenus *intermédiaires*, qu'il y aurait lieu de réduire ; mais beaucoup d'indicateurs, par exemple la confiance dans son gouvernement ou l'attachement porté à la liberté de choix, donnent à penser que sa population très hétérogène veut et peut collectivement progresser. L'Afrique du Sud et le Brésil, nous l'avons vu à plusieurs reprises, se ressemblent : ces deux États se sont engagés sur le dur chemin de la démocratie et ont, en même temps, à réduire des inégalités de revenus *fortes* ou *très fortes* ; mais, comme nous l'avons déjà dit, les obstacles seront sans doute difficiles à franchir. Haïti, enfin, *très inégalitaire* quant aux revenus et avec un régime *hybride*, représente, il faut le répéter, le cumul insensé des difficultés intolérables.

Pour conclure...

Pour conclure sur la question du bien-être, revenons sur le lien entre la satisfaction globale et le niveau de développement humain. En effet, l'indice de développement humain est un bon révélateur des capacités réelles d'un pays : il résume trois dimensions indispensables au bien-être, le niveau de revenus, d'éducation et de santé, et subit les pertes minimales lorsque les revenus sont le plus équitablement répartis et l'accès de tous à la meilleure éducation et aux meilleurs soins de santé égalitairement assuré. De plus, nous l'avons vérifié à travers nos croisements, cela va pratiquement toujours de pair avec la démocratie.

Les neuf États de notre échantillon dont l'IDH est *très élevé* se partagent entre un indice de satisfaction de vivre globale *très élevé* (Norvège, Canada, Islande) et *élevé* (Qatar[81], Allemagne, France, Corée du Sud, Slovénie et République tchèque) ; tous obtiennent des niveaux de satisfaction très convenables ou convenables sur la plupart des indicateurs, notamment en termes d'éducation, santé et niveau de vie. Parmi les cinq États dont l'IDH est *élevé*, un seul, le Brésil, rejoint le second niveau de l'indice de satisfaction, et devance même le Qatar malgré des revenus plus de huit fois moindres, notamment parce qu'il marque des réussites dans des domaines essentiels, en particulier l'éducation ; les quatre autres se situent au troisième niveau mais, en même temps, paraissent se départager : les populations de Maurice ou de la Chine, mais dans une moindre mesure parce que les inégalités y restent plus fortes, semblent vouloir progresser notamment dans des domaines essentiels comme l'éducation et la santé, tandis que, à l'inverse, celles de la Russie et de la Roumanie semblent la marque d'un net désarroi : sans doute n'est-ce pas sans lien avec leurs classements par rapport à la démocratie : régime *autoritaire* pour la Russie, démocratie *incomplète* pour la Roumanie. L'Afrique du Sud et l'Inde ont, en commun, un IDH *moyen* et se classent aussi au troisième niveau en ce qui concerne l'indice de satisfaction globale, mais les situations sont assez différentes, même si ces deux États sont, l'un et l'autre, classés parmi les démocraties *incomplètes* : l'Afrique du Sud a, comme le Brésil, la possibilité économique de progresser par elle-même, à condition de mettre fin aux inégalités diverses qui la rongent et brisent, autour de la cinquantaine, la vie d'une importante partie de sa population ; l'Inde a une double obligation, réduire à la fois la pauvreté et les inégalités, et dans tous les domaines à la fois, ce qui supposerait en particulier une aide internationale ayant d'autres préoccupations que les profits. Nous ne commenterons pas une fois de plus les situations de Haïti et du Mali : elles sont impensables, insupportables et intolérables, d'autant que ces deux États n'en sont que deux exemples.

---

[81] Eu égard à ses revenus, c'est un très net déclassement pour le Qatar, lié aux inégalités qu'il connaît.

Mais, au-delà des résultats, ce qui frappe dans cette enquête, c'est, dans la plupart des cas[82], la clairvoyance des populations par rapport aux questions posées. Et cette clairvoyance paraît d'autant plus réelle qu'elle est observée à la fois dans les cas de satisfaction et dans ceux d'insatisfaction. C'est particulièrement net à propos du manque de confiance exprimé par les populations des différents pays vis-à-vis de leurs gouvernements respectifs, même lorsque ces États ne sont pas des démocraties exemplaires. Et c'est peut-être même encore plus net en ce qui concerne les efforts pour éradiquer la pauvreté ou les actions pour la protection de l'environnement : quant à l'éradication de la pauvreté, hormis les populations du Qatar (91 % de satisfaits) et de Chine (68 %)[83], toutes les autres, parmi les États ayant répondu, sauf l'Allemagne qui compte autant de satisfaits (50 %) que d'insatisfaits, comptent moins de 50 % de satisfaits, donc davantage d'insatisfaits ; concernant la protection de l'environnement, hormis le Qatar qui déclare de nouveau un taux de 91 %, et l'Inde dont les taux sur les deux dimensions sont équivalents (39 et 40 %), tous les autres observent de la part de leurs gouvernements une préoccupation plus grande pour ce problème que pour le précédent et se partagent presque également entre populations plutôt satisfaites ou plutôt insatisfaites. Après le Qatar, la population la plus satisfaite (79 %) est la population mauricienne ; et la moins satisfaite la population russe (17 %). Cette prise de conscience et ces résultats devraient alerter les décideurs, et parmi eux les politiques mais aussi les autres, qui nient encore ou font semblant de nier l'urgence des actions dans ces deux domaines, alors que les meilleurs scientifiques ne cessent de rappeler qu'elles sont vitales et indissociables, tant pour la planète que pour ceux et celles qui l'habitent. Et, une fois de plus, il faut répéter à ceux qui, pour tergiverser, se demandent d'abord si c'est possible, que la question n'est plus là : parce qu'il y a urgence, il faut enfin rendre possible ce qui est nécessaire ou indispensable, ce

---

[82] Il reste toujours des doutes. Par exemple, certaines réponses données par les habitants du Qatar, approchant ou dépassant 90 %, peuvent interroger, et il semble bien que la Chine n'ait pas posé la question concernant la confiance dans le gouvernement...

[83] Il n'est pas certain que le Qatar ait interrogé ses « intrants » et le résultat enregistré en Chine paraît, pour le moins, optimiste.

que les peuples semblent avoir mieux et plus vite compris que leurs responsables.

Tant en ce qui concerne ses résultats qu'en ce qui concerne la perception du bien-être, c'est la Norvège qui atteint pratiquement toujours les plus hauts scores : c'est pourquoi elle nous paraît devoir figurer parmi les États « observés de plus près ». Les États qui s'en rapprochent le plus s'en rapprochent à la fois quant aux résultats, mais aussi quant aux représentations : en fait, ils nous ont semblé très proches et nous avons préféré opter pour des cas plus contrastés. Un État, Maurice, nous a semblé intéressant à cause de l'immense diversité culturelle qu'il réunit, du calme social dans lequel il semble prospérer, de ses résultats qui semblent progresser régulièrement dans de nombreux domaines et des domaines essentiels, et aussi quant au sentiment de bien-être qu'il exprime : bien qu'il ne soit que 63e au classement mondial établi selon l'indice de développement humain, il approche souvent les meilleurs sur bien d'autres critères, dont ceux du bien-être ; c'est pourquoi il sera le second État retenu. Nous en souhaitions trois : en termes de résultats, en progression constante notamment au cours de la dernière décennie, et avec un parcours bien particulier, Cuba est classé au 44e rang mondial en ce qui concerne l'indice de développement humain : il dépasse, aujourd'hui, et de loin, la Russie, et il est pratiquement au même niveau que son grand voisin américain, notamment dans les domaines de l'éducation et de la santé, mais il n'a pas répondu à l'enquête Gallup ; nous l'avons néanmoins retenu, notamment parce qu'il nous semble indispensable d'en savoir plus à son propos. Ce seront nos trois États observés de plus près.

CHAPITRE 2
Norvège, Maurice et Cuba : trois États observés de près

La Norvège

Sur l'ensemble des indices et indicateurs que nous avons observés, cet État se situe très souvent parmi les premiers rangs, si ce n'est au premier. Par exemple, en 2013, à l'indice de développement humain le plus élevé du groupe des 20 (0,940), mais aussi de la planète, il associe le second revenu national brut par habitant de ce groupe (63 900$, derrière le Qatar), mais aussi le 6e du globe, qu'il redistribue de manière très égalitaire ; et, de même, à une espérance de vie des plus élevées (81,5 ans), il associe une durée moyenne de scolarisation des adultes très élevée (12,7 ans) et une durée attendue de scolarisation de ses jeunes parmi les plus hautes (18,2 ans). Il ne faut pas omettre d'y ajouter la baisse des inégalités entre hommes et femmes, quels que soient les indicateurs observés. Sans doute a-t-il aussi la chance de bénéficier d'un espace favorable : une superficie d'un peu plus de 300 000 km2 pour à peine plus de 5 millions d'habitants, soit 14 h/km2.

Pour autant, la Norvège n'est pas un cas exceptionnel, tout au moins dans cette région du Nord de l'Europe, du Danemark à la Finlande en passant par les Pays-Bas et la Suède. Tous ces États ont depuis longtemps fait le choix de politiques plus justes et plus redistributives, notamment menées par les gouvernements sociaux-démocrates qui se sont succédé.

Certes, c'est d'assez loin l'État le plus égalitaire de notre échantillon ; et c'est pour cela même que nous l'avions retenu. Mais d'autres s'en rapprochent : par exemple, à revenus comparables, l'Allemagne et le Canada ; et, malgré de moindres revenus, la Slovénie. La France et l'Islande restent en léger décalage, un peu en retrait en ce qui concerne les inégalités hommes – femmes.

Pour étudier le cas de la Norvège, au-delà des données fournies par le PNUD, nous nous sommes bien évidemment appuyés sur les indicateurs du vivre mieux fourni par l'OCDE[84] et nous les avons comparés, pour certains d'entre eux, avec la France et l'Allemagne.

---

84 <http://www.oecdbetterlifeindex.org/fr/countries/norvege-fr>.

Cette étude du bien-être repose sur différentes composantes, à savoir le logement, les revenus, l'emploi, les liens sociaux, l'éducation, l'environnement, l'engagement civique, la santé, l'état de satisfaction, la sécurité et l'équilibre entre travail et vie. Pour tous ces aspects, la Norvège obtient d'excellents résultats mais voyons les choses plus en détail, en particulier à propos d'indicateurs complémentaires à ceux qui ont été retenus par le PNUD.

- En Norvège, 75 % des 15-64 ans avaient un travail rémunéré en 2013 (moyenne OCDE : 65 %), dont 77 % des hommes et 74 % des femmes. Ils n'étaient que 64 % en France (68% des hommes pour 60% des femmes), mais 86 % en Allemagne (89 % des hommes pour 84 % des femmes).

- En 2013, le pourcentage de la population diplômée au niveau du deuxième cycle du secondaire ou équivalent était de 82 % en Norvège (moyenne de l'OCDE : 75 %) ; moins nombreux en France (73 %), ils étaient davantage en Allemagne (86 %). Le score moyen des jeunes de Norvège aux derniers tests PISA (sur l'ensemble compréhension de l'écrit, mathématiques et sciences) était de 496 (497 pour la moyenne de l'OCDE), mais il était un peu plus élevé en France (500), et nettement plus en Allemagne (515) ; en Norvège, les filles dépassaient les garçons de 16 points (écart moyen de 8 points pour la moyenne de l'OCDE), mais l'écart s'abaissait à 13 points pour la France et 10 points pour l'Allemagne.

- Comme nous l'avons vu à partir des données fournies par le PNUD, les espérances de vie à la naissance sont très proches pour les trois États (un peu moins de 81 ans en Allemagne et plus près de 82 en France et en Norvège), mais les données OCDE montrent que la Norvège a un peu atténué l'écart entre les femmes et les hommes (4 ans, au bénéfice des femmes), alors qu'il reste à 5 ans en Allemagne et 6 ans en France. L'OCDE fournit en outre deux données intéressantes à propos de la pollution : toujours pour 2013, la concentration de particules atmosphériques (PM 10) était plus élevée en Norvège (16,1 microgrammes), à peine plus basse en Allemagne (15,6) mais plus basse en France (11,9) ; en revanche, les Norvégiens étaient à 94 % satisfaits de la qualité de l'eau (moyenne pour l'OCDE : 81 %), proches des Allemands (95 %) et plus éloignés des Français (82 %).

• Toujours en 2013, l'OCDE renseigne en outre par rapport au sentiment d'appartenance à la sphère publique. D'une part, elle interroge les habitants afin de savoir s'ils pensent connaître une personne sur laquelle ils peuvent vraiment compter en cas de besoin : 94 % des Norvégiens interrogés répondent positivement (moyenne de l'OCDE : 88 %) ; ils sont aussi 94 % en Allemagne, mais 87 % en France. D'autre part, elle relève les taux de participation aux dernières élections : ils sont de 78 % en Norvège (ensemble de l'OCDE : 68 %), de 80 % en France et seulement de 72 % en Allemagne. Enfin, elle observe les différences entre les taux de participation des 20 % les plus aisés de la population et ceux des 20 % les moins aisés : en Norvège, l'écart est de 13 points (85 % pour les plus aisés et 72 % pour les moins aisés), en France, il est un peu moindre, 10 points (89 – 79), mais en Allemagne il est de 22 points (81 – 59).

Regardons à présent ce qui constitue la spécificité de la Norvège. Rappelons que cette société est très égalitaire, et parmi les plus égalitaires de la planète. Comme l'indique le rapport de l'OCDE, c'est un « modèle de société très intégrateur, dans lequel le consensus social tient une large place et qui assure une forte cohésion. Les inégalités salariales sont faibles et l'impôt et les prestations sociales ont un fort effet redistributif, si bien que la répartition des revenus nets est encore plus égalitaire »[85]. Ce rapport précise que le système fiscal de la Norvège engendre des recettes abondantes et comme il est très redistributif, il atténue les disparités des revenus sans nuire aux performances économiques. C'est le seul pays au monde où les déclarations d'impôts sont tout à fait transparentes puisqu'elles sont consultables par tout un chacun.

Si l'on considère l'emploi, on peut dire également qu'il se porte bien en Norvège avec très peu de différences entre les hommes et les femmes (écart de 3 points) ce qui signifie que la Norvège a réussi à mettre en place une véritable politique d'égalité des genres. En 2013, Il y avait très peu de chômage (0,3 % pour le pourcentage de la population au chômage depuis un an et plus, identique pour les hommes et les femmes). L'écart entre le salaire

---

[85] OCDE, <http://www.oecdbetterlifeindex.org/fr/countries/norvege-fr>, p. 7.

moyen des 20 % les plus aisés (56 000$[86]) et des 20 % les moins favorisés (34 500$) était l'un des plus faibles des pays de l'OCDE.

Concernant l'immigration, le rapport de l'OCDE s'appuie sur le cas des travailleurs migrants appelés à travailler comme ingénieurs ou comme diplômés de l'enseignement supérieur pour l'industrie pétrolière de la ville d'Ålesund[87]. De nouvelles familles sont donc attirées. Une école internationale financée par la Chambre de commerce d'Ålesund, en partenariat avec les entreprises régionales et les autorités locales, a été créée et l'État norvégien participe à 85% au coût de la scolarité. Les services municipaux assurent l'accueil des travailleurs migrants et les accompagnent dans leurs démarches pour faciliter leur intégration.

Nous avons déjà signalé que le niveau d'études est très élevé en Norvège puisque 82 % des adultes de 25 à 64 ans sont diplômés du deuxième cycle de l'enseignement secondaire. Toutefois, il y a plus de femmes qui obtiennent un diplôme d'enseignement supérieur (45 % pour les femmes et 35 % pour les hommes). Une autre spécificité du système éducatif norvégien est qu'il est particulièrement égalitaire : 66 points seulement, sur des scores de l'ordre de 500, séparent en moyenne les étudiants les plus aisés des étudiants les plus modestes (96 en moyenne pour l'OCDE, 107 pour l'Allemagne et 129 pour la France). Et la Norvège a récemment mis en place une formation des chefs d'établissement s'adressant en priorité à ceux qui sont en poste depuis moins de deux ans et s'intéressant en particulier aux acquis scolaires des élèves, à leur environnement pédagogique, aux actions de coopération et au développement organisationnel.

En Norvège, l'engagement civique est équivalent pour les hommes et pour les femmes. Nous avons néanmoins vu que la participation aux élections reste au moins en partie liée au niveau socio-économique ; toutefois, cet écart est bien moins important qu'en Allemagne, mais il reste légèrement plus important qu'en France. Signalons en revanche que 40 % des sièges dans les parlements nationaux sont occupés par des femmes en Norvège, et presque autant - 37 % - en Allemagne, mais 27 % en France.

---

[86] Les données en dollars sont arrondies au millier ou demi-millier.

[87] Il est incontestable qu'il s'agit d'une immigration très contrôlée.

Par rapport au bien-être, quand l'OCDE leur demande s'ils pensent qu'ils sont en bonne santé, 90 % des Norvégiens répondent positivement, mais 67 % des Français et 65 % des Allemands (moyenne OCDE : 68 %). Les Allemands (0,5 pour 100 000 habitants), les Français (0,6) et les Norvégiens (0,6) se retrouvent à quasi égalité en ce qui concerne les taux d'homicides, devançant très nettement l'ensemble de l'OCDE (4 pour 100 000). Ils semblent aussi se rapprocher en ce qui concerne l'équilibre entre le travail et la vie : les Norvégiens travaillent en moyenne 1420 heures par an, nettement moins que la moyenne pour l'OCDE (1765 heures), et seuls 3 % travaillent de très longues heures (13 % dans l'OCDE). Enfin, l'OCDE observe que, pour un travailleur à plein temps norvégien, le temps moyen consacré à prendre soin de soi (manger, dormir) et à assurer ses loisirs représente 65 % de la journée : la même estimation aboutit à 64 % pour un travailleur à plein temps allemand ou français. Enfin, rappelons que, selon l'enquête Gallup, la Norvège, dans notre échantillon de 20 États, occupait la première place quant à la satisfaction de vivre globale, mais elle était suivie de près et dans l'ordre par le Canada et l'Islande, l'Allemagne et la France, avec des scores quasi identiques, se plaçant aux 4e et 5e rangs.

Cependant, dans un article intitulé « Norvège : avantages et aléas de la cohésion sociale »[88], André Grjebine notait, dès 2006, que la faible immigration que connaît la Norvège, associée aux mannes importantes de l'industrie pétrolière, participe aux bons scores de celle-ci : « L'homogénéité ethnique et culturelle qui caractérise historiquement la Norvège est dans une large mesure à l'origine du modèle social-démocrate norvégien, c'est-à-dire de politiques économiques et sociales visant à renforcer la cohésion sociale ». Il ajoute toutefois que la culture du consensus social et le fait de n'avoir jamais été une puissance colonisatrice jouent un rôle important dans la façon dont les Norvégiens approchent le phénomène de l'immigration et considèrent leurs immigrants : la bienveillance, la volonté de négociation et le désir de trouver des solutions consensuelles semblent constituer la norme dans l'entreprise et dans la société norvégienne. Il s'interroge néanmoins sur cette stratégie qui a permis à la Norvège d'obtenir

---

[88] *Études du CERI*, n°130, novembre 2006.

des performances exceptionnelles et elle lui semble aujourd'hui menacée. Il pose trois questions : « les mouvements internationaux de population ne rendent-ils pas problématique le maintien d'une homogénéité ethnique et culturelle dans un pays qui se caractérise par une économie largement ouverte ? Alors que la Norvège doit faire face à une concurrence internationale croissante, les effets pervers de l'homogénéité sociale ne risquent-ils pas de supplanter ses avantages ? Enfin, les revenus pétroliers seront-ils suffisants pour assurer la pérennisation du modèle norvégien, malgré les facteurs perturbants liés à la globalisation ? ».

Certes, il est nécessaire de s'interroger, et ces interrogations se posent, de façon proche, dans tous ces États du nord de l'Europe qui, avant tous les autres, ont mis en place des politiques de partage plus justes et plus égalitaires ; et c'est, pour beaucoup dont nous sommes, une crainte lors de chaque nouveau scrutin national dans un État de cette région. Mais, en même temps que ces interrogations, il faut sans doute relire l'extrait du rapport de l'OCDE que nous avons cité, notamment à propos des effets de la redistribution (note 84) : la social-démocratie, dans ces États de l'Europe du Nord, n'a pas entraîné l'asphyxie des activités économiques qui s'y sont développées tout au long du 20e siècle, ni provoqué la profonde misère des entrepreneurs, mais favorisé un bon équilibre entre entrepreneurs et politiques, dans l'intérêt mieux compris des populations, au bénéfice du partage et de la réduction des inégalités de tous genres. Certes, c'est un compromis, mais un bon compromis puisqu'il a porté des résultats positifs assez indéniables. Ce serait donc un immense gâchis de l'abandonner, sauf à découvrir un système encore plus juste et plus efficace ; ce qui ne semble pas le cas aujourd'hui, avec un néo-libéralisme débridé et une mondialisation sans contrôle des États, et la crise de 2008, qui n'a fait qu'accroître la misère des plus démunis, au bénéfice d'une infime minorité, qui veut continuer de faire croire à la pseudo-théorie du « ruissellement ».

Maurice

Maurice est l'un des plus petits États de la planète par sa superficie : moins de 2 000 km^2 pour l'île principale, ce qui le classe au 181e rang mondial. Sa population, 1,3 million, peut aussi paraître modeste, mais représente néanmoins une densité assez élevée : 639 habitants/km^2. C'est une terre africaine, située à près d'un millier de kilomètres de son continent et un peu plus de 800 km de Madagascar, qui n'a été peuplée qu'après les grandes découvertes, sous les colonisations portugaise, hollandaise, française puis britannique, à partir de transferts de populations, notamment par l'esclavage ; l'État de Maurice a obtenu son indépendance en 1968. En 2013, il a disposé d'un revenu national brut par habitant de 16.800$, qui le classe au 66e rang mondial, et d'un indice de développement humain de .771 (63e rang) : certes, il ne gagne que trois rangs, mais c'est bien la marque qu'il fait un peu mieux que son revenu aurait pu le laisser supposer ; et dans la même zone, le Brésil réalise exactement l'inverse parce qu'il est plus inégalitaire. D'ailleurs, Maurice obtient aussi un très bon indice de démocratie, 8,2, au 21e rang mondial et parmi les démocraties *complètes.* En 2013, l'espérance de vie approchait 74 ans, dans la bonne moyenne des États de ce niveau de revenus et à égalité avec le Brésil, mais bien au-delà de celle de la plupart des États africains, même de la Guinée équatoriale pourtant plus riche, Mais c'est surtout dans le domaine de l'éducation que les avancées commencent à se ressentir: la durée moyenne de scolarisation des adultes atteint 8,5 ans, dépassant de plus d'un an celle des Brésiliens et le taux d'alphabétisation des adultes se rapproche de 90 % ; la scolarisation en primaire est totale et 96 % des jeunes accèdent au secondaire, pendant que 40 % entrent dans l'enseignement supérieur, et que Maurice projette d'accroître la durée de scolarisation des jeunes en la portant à 15,6 années, un peu plus que le Brésil et nettement plus que le Qatar. Mais il reste encore freiné par les inégalités, et surtout par les inégalités de sexe, où il reste à un rang très moyen : 72e sur 151 États classés.

Certes, il reste loin de la Norvège et une comparaison semble peu pertinente tant les contextes sont différents, qu'il s'agisse de leurs tailles respectives et des dimensions historiques, économiques, sociologiques ou politiques qui ont construit leurs propres identités[89]. Mais Maurice pourrait à son tour surprendre, notamment s'il préserve la richesse de sa diversité.

---

[89] Une comparaison entre Maurice et Haïti se serait peut-être révélée plus pertinente, en raison d'éléments historiques partagés (colonisation, esclavage), de la caractéristique insulaire des deux pays, mais aussi de certaines particularités

Dès 2008, une étude de l'OCDE notait une croissance régulière de l'économie mauricienne (augmentation du PIB en volume et par habitant) bien supérieure à celle de l'Afrique australe et de l'Afrique en général. En 2009, le PIB par habitant était de 5 000$ à Maurice alors qu'il était en moyenne de 2 000 en Afrique australe et de 1 000 en Afrique. La bonne économie mauricienne provient de quatre secteurs clés : le tourisme, le textile, le sucre et les services financiers. C'est essentiellement le tourisme qui crée une forte croissance du bâtiment, du secteur textile et de l'habillement. Le secteur de la canne à sucre était relativement sinistré et Maurice a entamé une restructuration du secteur pour devenir un producteur compétitif de sucre raffiné et de produits dérivés de la canne à sucre. Le secteur des services financiers, y compris le service aux entreprises et l'immobilier, est le principal contributeur au PIB. Le déficit budgétaire a été réduit à 4,3 % du PIB en 2007 contre 5,3 % en 2006. Les dépenses renouvelables ont été réduites et les salaires contenus.

Une évaluation de la COFACE[90] classe Maurice parmi les pays les moins à risque (A3) et donne les éléments suivants :

Principaux indicateurs économiques

	2011	2012
Croissance PIB (%)	3,8	3,3
Inflation (moyenne annuelle)	6,5	2,9
Solde budgétaire / PIB (%)	-3,2	-1,8
Solde courant / PIB (%)	-13,3	-10,2
Dette publique / PIB (%)	51	50,3

Points forts : Bilinguisme anglais/français, Système bancaire solide, Institutions démocratiques bien ancrées, Climat des affaires favorable, Fort potentiel touristique.

Points faibles : Dépendance financière et commerciale envers l'Europe, Infrastructures défaillantes dans certaines régions, Manque de travailleurs qualifiés.

La Coface note que la croissance économique a ralenti en 2013 et qu'elle devrait reprendre progressivement en 2014, soutenue par la consommation des ménages. Elle ajoute que le tourisme est dépendant des Européens (50 % des visiteurs) qui connaissent une crise économique mais que l'arrivée massive des Chinois devrait

linguistiques, culturelles et ethniques de ces pays. Nous étions tentés de nous demander si le développement économique régulier de Maurice ne pouvait pas inspirer Haïti mais ce n'est pas l'objet de cet ouvrage.

90 <http://www.coface.fr/Etudes-economiques-et-risque-pays/Maurice>.

compenser cette baisse. Elle note une reprise de l'industrie de la canne à sucre et ajoute que « les services financiers (banque et assurance), moteurs de la croissance, devraient continuer à se développer au cours de l'année 2014 ».

Enfin, elle signale une poursuite des politiques budgétaires de soutien à l'économie et en particulier, des politiques d'investissement entamées en 2013 (amélioration de la qualité des infrastructures routières et portuaires, élargissement de l'offre touristique et du soutien aux PME du textile, de la pêche et du sucre dans le but de limiter la vulnérabilité du pays aux fluctuations de l'économie européenne). Enfin, le gouvernement prévoit une compensation des salaires pour tenir compte de la baisse du pouvoir d'achat et de l'inflation.

Elle note que le risque est faible, que le système bancaire mauricien est stable car bien capitalisé et profitable, et que la stabilité politique devrait continuer (premier ministre Navinchandra Ramgoolam au pouvoir depuis 2010). Elle ajoute que « Maurice possède l'une des gouvernances les plus efficaces du continent selon le classement de la Banque Mondiale, notamment en ce qui concerne le contrôle de la corruption, l'efficacité gouvernementale, ainsi que la qualité des règlementations ».

L'OCDE note également que « Maurice continue d'être considéré comme l'un des pays dotés des meilleures institutions en Afrique. Néanmoins, la corruption s'est accrue depuis 2006 (cf. *Transparency International*). Maurice se classe à la 18ème place mondiale en matière de libéralisme économique (en tête de l'Afrique, avant la France et l'Allemagne)[91].

L'espérance de vie s'est allongée (passant de 63 ans en 1985 à 73,6 ans en 2013). La santé est l'un des secteurs où l'État mauricien investit le plus et c'est l'un des seuls pays du monde où « la totalité des services de santé reste gratuite quels que soient l'âge, la classe sociale et la pathologie des patients »[92]. 85 % de la population y recourent, les 15 % restants cotisant au secteur privé de la santé. C'est également l'un des premiers pays au monde à avoir mis en

---

[91] *Perspectives économiques en Afrique*, Maurice, OCDE 2008.

[92] Ombeline Lachaud, *Le système de santé à l'Île Maurice : état de santé de la population et évolution de l'offre de soins,* Université de Nantes, Faculté de médecine, 2006, p. 26.

place une politique de contraception et « malgré la difficulté à faire évoluer les mœurs, la religion étant très implantée dans la culture mauricienne, cette initiative fut un succès sans lequel la population du pays s'élèverait aujourd'hui à 2,5 millions d'habitants[93] ».

Les difficultés relatives à la santé sont d'une part le diabète, pour lequel un adulte sur 5 a été diagnostiqué malade et qui représente 20 % des décès. La lutte contre cette maladie représente une priorité (*Plan National Service Framework for Diabetes*). D'autre part, le sida constitue également une menace importante en matière de santé publique, même si son niveau reste l'un des plus bas des pays de l'Afrique subsaharienne et s'il se concentre principalement sur les travailleurs sexuels, les drogués et les personnes atteintes d'autres maladies sexuellement transmissibles. Les séropositifs ont accès gratuitement aux traitements antirétroviraux[94].

La pauvreté absolue (1,25$ par jour) a été éradiquée à Maurice. Toutefois, la pauvreté relative (2$ par jour) s'est étendue et elle frappe environ 10 % de la population. Le taux de chômage est estimé à 7,8 % en 2014 et il tend à diminuer (il était de 8 % en 2013 et 8,6 % en 2012). Il frappe deux fois plus les femmes que les hommes. Toutefois, il est à noter qu'un certain nombre d'offres d'emploi ne trouvent pas preneurs. Ceci est dû à une inadéquation entre l'offre et les compétences présentes sur le marché.

Le gouvernement s'efforce de travailler à une meilleure adéquation entre offre et compétences en proposant des formations adaptées qui répondent à court et à long terme au marché du travail. Il alloue 13 % de son budget global à l'éducation (43 % du budget pour le secondaire et 27 % pour le primaire). L'école est gratuite pour tous dans ces deux secteurs. Des réformes sont mises en place pour établir de nouveaux programmes qui tiennent davantage compte des démarches de résolution de problèmes que de l'apprentissage par cœur.

Le système éducatif, dont nous avons par ailleurs souligné l'efficacité et les progrès, est bilingue (français, anglais) et ces deux langues, qui sont les deux langues officielles depuis l'indépendance (1968), sont enseignées parallèlement dès le primaire et, l'une et

---

93 *Ibid*, p. 24.

94 Informations extraites de l'étude citée *supra* : OCDE 2008.

l'autre sont langues d'enseignement. D'autres langues parlées à Maurice sont également enseignées.

Un autre point qui mérite d'être souligné à propos de Maurice est la véritable mosaïque linguistique et culturelle de l'Île. En effet, il existe quatre groupes ethniques ou « communautés » (terme utilisé à Maurice), à savoir les Indo-mauriciens (68 %), les Créoles (27%), les Sino-mauriciens (3 %) et les Franco-mauriciens (2 %)[95]. Le créole est la langue majoritaire (plus de 80 % des Mauriciens ont le créole pour première langue qui est considérée comme la langue des ancêtres). Le français est la langue seconde privilégiée de la population (utilisation privilégiée dans les médias et par l'église catholique) et elle conserve un statut de langue nationale pour l'ensemble des citoyens. L'anglais qui est pourtant la langue officielle, est la troisième langue de Maurice, utilisée par 45-50 % des habitants. Lorsque les Anglais prirent possession de Maurice en 1810, ils permirent aux Mauriciens de conserver leur langue et leur culture.

Les autres langues sont le hindi et le bhojpuri, l'urdu et le tamil. L'urdu est la langue de la tradition islamique de cette communauté et l'arabe, langue du Coran, est très peu parlé. Les Indo-mauriciens revendiquent leur identité. Les hindous revendiquent leur appartenance ancestrale à l'Inde et les Sino-mauriciens à la Chine. Ces derniers, locuteurs d'un dialecte hakka, étudient souvent le mandarin à l'école. La communauté musulmane de Maurice est originaire de la région indo-pakistanaise et proche culturellement des Indo-mauriciens hindous mais elle se démarque de ces derniers en se rapprochant de la communauté musulmane internationale[96].

Les Créoles mauriciens sont le « fruit de mélanges créés par la société esclavagiste de plantation » et ils ont « des origines malgaches, africaines, européennes, indiennes et arabes »[97]. Cette mosaïque culturelle, linguistique et ethnique, caractéristique de la

---

[95] Guilhem Florigny, *Acquisition du Kreol mauricien et du français et construction du discours à travers l'analyse de productions orales d'enfants plurilingues mauriciens*, Université Paris Ouest Nanterre La Défense, 2010, p. 25.

[96] *Ibid*, p. 32. Toutes les informations relatives aux langues et aux cultures sont extraites de cet ouvrage.

[97] *Ibid.*, p. 33.

culture métissée mauricienne, est appelée Créole[98]. On peut se demander si cette culture métissée annonce la fin de l'ethnicité et la fusion des catégories ethniques du fait même des nombreux mariages interethniques ou si certains conflits laissent entrevoir « les signes d'une revitalisation ethnique »[99]. Si l'on en croit l'Office du tourisme mauricien[100], « les Mauriciens possèdent un mélange unique d'ethnies ; en effet, ils sont les descendants d'Africains, de Chinois, d'Indiens et d'Européens qui forment ensemble une société cosmopolite. Les Mauriciens travaillent et vivent ensemble, célébrant les cérémonies religieuses des uns et des autres tout au long de l'année. Ensemble, ils forment une société harmonieuse ». Ajoutons que les religions présentes à l'île Maurice sont l'Hindouisme (52 % de la population), le Catholicisme romain (31 %), l'Islam (16 %) et le Bouddhisme (1 %)[101].

En conclusion, nous nous appuierons sur un article de Jean-Michel Jauze[102] qui évoque le modèle de réussite que constitue Maurice pour les pays en développement, « petit dragon de l'océan Indien », « tigre de l'Afrique ». Il ajoute que ce modèle de développement peut inspirer les autres petits États insulaires et les pays africains qui devraient en tirer trois leçons. « D'abord, l'ouverture commerciale crée une dynamique compétitive sur les marchés mondiaux, décourageant "la recherche de rente" locale et la création de situation de monopole. Ensuite, les intérêts économiques peuvent être un "grand intégrateur social", capable de modérer les divisions ethniques, créant un climat d'apaisement social. Enfin, l'exercice efficace de la démocratie est la clé de réussite des réformes économiques douloureuses, à travers le sentiment de nécessaire sacrifice collectif. À cet égard, le modèle mauricien est exemplaire, fruit d'un pari engagé collectivement par les pouvoirs publics et la population, même si aujourd'hui des voix discordantes se font entendre, dénonçant une richesse inégalement

[98] Cf. la chanson de Kaya, mort en prison à Maurice, et dont la mort a déclenché les émeutes de 1999 (cf. Florigny, *ibid.*, p. 36).

[99] *Ibid.*, p. 44.

[100] <http://www.tourism-mauritius.mu/fr/religion/croyances-religieuses.html>.

[101] Pour plus de précisions, le lecteur peut consulter : <http://www.tourism-mauritius.mu/fr/religion/croyances-religieuses.html>.

[102] Jean-Michel Jauze, « Maurice, petit pays, grandes ambitions », *Journal of Geography*, n° 628, 2012.

répartie ». Il nuance toutefois : « Des problèmes conjoncturels et structurels viennent cependant le remettre en question : essoufflement des ventes d'IRS, menace d'une crise dans l'immobilier de bureau, perte de compétitivité de certains secteurs industriels, maintien des bas salaires, retour du chômage... » . Et pourtant, les autorités ne sont pas inquiètes, ajoute-t-il, car elles « misent sur différents atouts : la réactivité du pays [la main-d'œuvre mauricienne s'exporte (migrations circulaires de travail vers la France, le Canada, bientôt l'Italie) ; la diversification et l'internationalisation de son économie se traduisent par l'achat d'usines textiles à Madagascar ou au Bangladesh et de terres au Mozambique pour la culture du riz à des fins d'autosuffisance alimentaire], sa capacité à se positionner sur de nouveaux créneaux porteurs (après *"l'offshore"*, le Global Business, les TIC, le *"SeafoodHub"*, "l'IRS", c'est au tour du *"shoppingmall"* et du "tourisme médical"), et enfin, la bienveillance du regard extérieur (de 2006 à 2009, selon les chiffres du ministère des Finances, les dons et prêts en faveur de Maurice, s'élevaient à 27 milliards de Rs, provenant de partenaires de développement dont les principaux sont la Commission Européenne, la Banque Africaine de Développement, la Banque Mondiale, l'Agence Française de Développement et le Programme des Nations Unies pour le Développement). Le 10e FED (2008 à 2013) accorde au pays 39,6 millions d'euros destinés au soutien budgétaire et aux réformes macro-économiques, auxquels s'ajoutent 30 millions d'euros par an destinés à compenser la perte de revenus sucriers) ».

Il conclut : « À ces conditions, nul doute que ce petit pays, qui s'impose comme un véritable laboratoire du développement, soit capable de maintenir le cap de ses ambitions qui l'éloignent chaque jour un peu plus du sous-développement ».

Nous partageons très largement cet avis. Et nous considérons même que l'immense diversité culturelle qui caractérise l'État de Maurice constitue le facteur essentiel de son propre épanouissement, et mérite par conséquent d'être précieusement préservée, afin qu'aucune composante ne puisse devenir en capacité de dominer les autres[103].

---

[103] Cette diversité, qui est le produit de son histoire et que cet État semble utiliser à bon escient pour progresser, se retrouve bien évidemment dans d'autres États ou régions, en particulier chez son voisin, l'île de la Réunion.

Cuba

L'État de Cuba, qui porte le nom de sa plus grande île, par ailleurs la plus grande des grandes Antilles, occupe, avec ses îles attenantes, une superficie de près de 111 000 km2 (55 fois Maurice), pour une population de 11,3 millions (2013) soit 102 habitants/km2 (plus de six fois moins qu'à Maurice). Il est situé au nord des Antilles et, cela compte dans son histoire, au sud et à 180 kilomètres de son grand voisin, les États-Unis. A sa découverte (Christophe Colomb – 1492), il était peuplé d'Amérindiens qui furent pratiquement décimés ; devenue colonie espagnole, et comme d'autres régions, cette terre fut largement repeuplée par les esclaves africains. Cuba n'a réellement connu la suppression de l'esclavage qu'en 1886 et restera colonie espagnole jusqu'en 1898, deviendra pendant quatre ans État américain, puis reprendra son indépendance officielle, mais restant, de fait, sous ingérence américaine, jusqu'au renversement du dictateur Fulgencio Batista par Fidel Castro en 1959[104].

En 2013, le revenu national brut par habitant de Cuba dépassait 19.800$, le classant au 56e rang mondial, mais d'un indice de développement humain de .815 correspondant au 44e rang, soit un gain de 12 places, ce qui est assez considérable et ne peut résulter que de très bons scores en termes de santé ou d'éducation (Maurice ne gagnait que trois places). Son espérance de vie est alors de plus de 79 ans (à un an de l'Allemagne et dépassant la Russie de plus de 11 ans), avec des résultats élevés sur tous les indicateurs de ce domaine ; par exemple, la mortalité infantile avant 5 ans, s'est fortement rapprochée de celle des États les plus développés et a été ramenée à 6 ‰, pour 3 ‰ en Norvège et 15 ‰ à Maurice, mais encore 76 ‰ en Haïti. Il en est de même en éducation avec, par exemple, une durée moyenne de scolarisation des adultes d'un peu plus de 10 ans (le double de celle de son voisin Haïti) approchant celle de la France (11 ans) et un taux d'alphabétisation des adultes très proche de 100 % (moins de 50 % en Haïti) mais aussi le projet

[104] Depuis cette date, une guerre larvée, d'ampleur internationale, qui n'a pas débouché sur un conflit armé parce que ce conflit aurait été trop dangereux pour les deux camps, s'est sans cesse poursuivie : un répit et des relations plus cordiales ont vu le jour en 2014 sous la présidence de Barack Obama, mais qu'en sera-t-il demain ?

d'atteindre une durée moyenne de scolarisation des jeunes de 14,5 ans (15,5 ans à Maurice mais moins de 8 ans en Haïti) ; actuellement, 62 % des jeunes Cubains accèdent à l'enseignement supérieur (57 % en Allemagne ou en France). Des résultats, il faut le redire, exceptionnels, étonnants, et qui perdurent[105].

Certes, son classement concernant l'indice de démocratie le situe parmi les régimes *autoritaires*, certes ses pertes de développement humain restent *moyennes*, certes, il reste *intermédiaire* quant à la répartition des revenus et les inégalités de genre y restent *fortes,* sauf en ce qui concerne la représentation parlementaire où la parité est totale ; mais alors qu'en serait-il s'il devenait plus égalitaire ? Il paraît en tout cas difficile qu'un État puisse atteindre de tels résultats sans bénéficier du soutien de son peuple.

Pour étudier le cas de Cuba, nous nous sommes en particulier appuyés sur les statistiques mondiales fournies par l'Université de Sherbrooke[106]. Nous avons retrouvé certaines des composantes qui nous avaient permis d'étudier le bien-être dans les deux autres États choisis, à savoir les revenus, l'emploi, l'éducation et la santé. Nous n'avons pas retrouvé les liens sociaux, l'environnement, l'engagement civique, l'état de satisfaction, la sécurité et l'équilibre entre travail et vie. Pour l'emploi, l'éducation et la santé, Cuba obtient d'excellents résultats[107] mais voyons cela plus en détail.

Depuis de nombreuses années, Cuba consacre une part importante de son produit intérieur brut, qui continue de croître, aux dépenses publiques de santé : environ 10 %, soit, en pourcentage, un peu plus que la Norvège (9 %)[108], à peine moins que l'Allemagne, le Canada et la France (11 % ou un peu plus), et plus que Maurice (près de 6 %). Mais, surtout, la politique de santé cubaine est un

---

105 A partir des données du PNUD, nous suivons cet État depuis plusieurs années. En 2008, il marquait déjà d'excellents résultats dans les domaines de l'éducation et de la santé, mais ses revenus étaient très faibles : un RNB/h de 970$, qui le classait en 2e décile, par conséquent, parmi les 20 % des populations les plus pauvres et aux environs du 150e rang ; en 2013, et ce ne peut être sans lien, il est au 56e rang et parmi les 20 % les plus riches.

106<http://www.statistiques-mondiales.com/cuba.htm>et <http://perspective.usherbrooke.ca>

107 <http://perspective.usherbrooke.ca/bilan/servlet/BMTendanceStatPays?>

108 Néanmoins, la Norvège consacre plus à la santé parce que son PIB/h est plus élevé.

modèle parce qu'elle permet à tous les habitants de bénéficier gratuitement des soins les plus élaborés et que les formations des personnels de santé sont performantes. Avec ses 24 facultés de médecine, c'est le pays qui compte le plus grand nombre de médecins par habitant. Le nombre de lits pour 1 000 habitants est de 5,3 alors qu'il n'est que de 3,3 en Norvège par exemple[109]. Un universitaire, Salim Lamrani[110], spécialiste des relations entre les États-Unis et Cuba, écrit que Margaret Chan, directrice générale de l'Organisation mondiale de la santé, en visite à La Havane en 2014, a fait l'éloge du système de santé cubain et s'est montrée impressionnée par les réussites dans ce domaine : « Cuba est le seul pays qui dispose d'un système de santé étroitement lié à la recherche et au développement en cycle fermé. C'est la voie à suivre, car la santé humaine ne peut s'améliorer que grâce à l'innovation ». Elle a salué « les efforts de la direction de ce pays pour faire de la santé un pilier essentiel de développement »[111]. Il est également à noter que Cuba développe des programmes d'aide médicale en direction des pays en voie de développement, comme l'opération ALBA qui consiste à opérer gratuitement des personnes atteintes de troubles oculaires et qui a permis à deux millions de personnes déshéritées de retrouver la vue[112]. Signalons aussi que Cuba forme des médecins du monde entier dans son École latino-américaine de médecine (ELAM) créée en 1998 : plus de 20000 médecins originaires de 120 pays, déjà diplômés de l'ELAM et 11000 jeunes en cours de formation[113]. Tout comme l'OMS, les Nations-Unies notent que l'ELAM est « l'école de médecine la plus avancée au monde » et que les médecins cubains « sont toujours les premiers arrivés et les derniers à partir. Ils restent sur

---

[109] <http://perspective.usherbrooke.ca/bilan/servlet/BMTendanceStatPays?> codeTheme=3&codeStat=SH.MED.BEDS.ZS&codePays=CUB&codeTheme2=1 &codeStat2=x&codePays2=CUB&langue=fr

[110] Salim Lamrani, *Cuba : Les médias face au défi de l'impartialité,* Paris, Éditions Estrella, 2013.

[111] <http://blogs.mediapart.fr/blog/pizzicalaluna/250713/cuba-l-ile-de-la-sante>.

[112] <http://www.les7duquebec.com/7-dailleurs-invites/152087/>.

[113] Chiffres extraits de : <http://4emesinge.com/cuba-un-modele-selon-lorganisation-mondiale-de-la-sante>.

place après les crises. Cuba peut montrer au monde entier son système de santé, un modèle pour beaucoup de pays[114] ».

Le second domaine de réussite de Cuba, c'est l'éducation. Nous en avons rappelé ci-dessus les principaux résultats, qui mettent en évidence sa proximité avec les meilleurs. Cuba a notamment participé aux enquêtes PISA en 2006, et obtenu des scores tout à fait comparables aux scores obtenus par les États dont le développement humain est *très élevé* : son propre indice de développement le confirme, et l'écart tient souvent à l'écart des revenus qui pèse pour un tiers dans la valeur de cet indice. Ces résultats, il les doit aux politiques d'éducation qui ont été conduites. Sans doute aussi à l'initiative prise dès 1959 lors de l'arrivée au pouvoir de Fidel Castro : privilégier immédiatement l'alphabétisation totale de la population adulte, et organiser à cet effet une véritable guerre contre l'analphabétisme. Il était alors estimé de l'ordre de 40 %, et particulièrement élevé dans les campagnes et, en un an, il a été ramené à moins de 4 % : on imagine difficilement un succès de ce type sans une puissante mobilisation et un large assentiment de la population ; et les Cubains sont sans doute les premiers, et peut-être les seuls à avoir compris et mis en application l'idée selon laquelle les progrès dans ce domaine passent d'abord par l'élévation conjointe et de masse du niveau des adultes. Nous en sommes, nous-mêmes, totalement convaincus, et convaincus que cette phase a largement contribué aux réussites ultérieures de Cuba. Et c'est sans doute pourquoi, aujourd'hui, le système éducatif cubain est, comme son système de santé, extrêmement performant. C'est la preuve que la réussite éducative ne dépend pas seulement de l'investissement financier consacré à ce secteur. Beaucoup d'autres éléments entrent en ligne de compte comme la qualité de la formation des enseignants, la cohérence des programmes, l'investissement et la cohésion des équipes enseignantes, la motivation des élèves et celle de leurs familles, mais aussi la puissante mobilisation et le soutien de tout

[114] Propos de Ban Ki Moon, secrétaire général des Nations-unies, rapportés par Nyliam Vásquez García, « La escuela medica mas avanzada del mundo », Juventud Rebelde, 28 janvier 2014, cité par Salim Lamrani *in :* <http://4emesinge.com/cuba-un-modele-selon-lorganisation-mondiale-de-la-sante>.

un peuple, et la gratuité, qui permet la redistribution des richesses. Et, dans le cas de Cuba, c'est bien l'éducation, dont l'éducation à la santé, qui a contribué à sortir son peuple de la misère.

Le fait que l'indice de développement humain soit si élevé à Cuba et qu'il soit passé de 0,626 en 1980 à 0,815 en 2013 s'explique par les bons scores de Cuba dans les domaines de l'éducation et de la santé, mais aussi par la réduction partielle des inégalités de salaire et de revenus, ou de genre. Certes, le niveau de vie, même s'il progressé, reste encore insuffisant pour certains Cubains, notamment les plus défavorisés. Par exemple, 5 % de la population est encore sous-alimentée : c'est très peu mais encore trop, même s'ils étaient plus de 20 % en 1995, car la grande pauvreté doit être éradiquée ; mais un même taux de 5 % perdure à Maurice et, en Haïti, ce sont 52 % des habitants qui souffrent de sous-alimentation. Certes, les écarts de revenus restent trop importants : de 1 à 12 entre les déciles extrêmes (de 1 à 6 en Norvège) ; l'État cubain a réduit l'écart entre les salaires dans le rapport de 1 à 3, et, dans une entreprise, les managers ne peuvent pas recevoir plus de 30 % de plus que les employés les moins bien rémunérés[115]. L'emploi, à Cuba, se porte bien : près de 97 % des 15-64 ans ont un travail rémunéré, à quasi égalité entre les hommes et les femmes (dans l'ordre, 97 et 96 %), et c'est nettement mieux que la moyenne de l'OCDE (65 %), ou même que la Norvège (75 %) ; la répartition des emplois selon les niveaux d'études confirme les progrès de l'éducation, 33 % à un niveau d'éducation primaire, un peu plus de 50 % au niveau secondaire et 14 à 15 % au niveau supérieur. Mais en même temps, et il faut bien le dire, Cuba est resté (ou a été contraint de rester) un régime *autoritaire*, qui a aussi maintenu la peine de mort, et c'est toujours inacceptable, même s'il faut s'efforcer de comprendre.

Il paraît difficile d'imaginer tout cela sans que le sentiment de bien-être et la satisfaction de vivre de son peuple ne se soient accrus ; et il paraît même difficile de penser que, s'il n'en était pas ainsi, ce régime *autoritaire* ne se soit pas, comme tant d'autres, effondré comme un château de cartes après la chute du Mur de Berlin (1989). C'est aussi pourquoi nous continuons de penser que la

---

[115] <http://www.cubanismo.net/teksten_fr/economie/salaires.htm>.

participation de la population cubaine à l'enquête Gallup aurait constitué une belle victoire de la démocratie.

Parce que nous voulons rendre encore plus visible le chemin parcouru par Cuba, nous voudrions aussi que nos lecteurs aient une image de ce qu'il était sous Batista et jusqu'en 1959. En France, une belle collection d'ouvrages a voulu, en 1969, faire connaître l'état de l'éducation dans une vingtaine de pays du monde, dont Cuba[116]. Fidel Castro y avait inséré un message dont nous reproduisons les premières lignes.

« Quel doit être l'idéal d'un instituteur ? Peut-il être de travailler dans un pays tel qu'était le nôtre, où plus d'un million de personnes ne savaient ni lire ni écrire, où nous comptions 25 ou 30 % d'illettrés ? L'idéal d'un instituteur pouvait-il se réaliser dans un pays qui laissait plus de six cent mille enfants sans écoles, dans un système social où, en fait, 90 % des élèves de l'enseignement primaire quittaient l'école sans atteindre le certificat d'études. La vocation, l'idéal d'un instituteur pouvaient-ils accepter un système social dans lequel la possibilité d'entrer dans un institut technologique ou une école normale, un lycée, une université, était donnée à 10 ou 15 % des jeunes gens du pays ? Pour qu'un jeune homme puisse avoir une bourse, il fallait d'abord qu'il soit orphelin, car il ne s'agissait pas d'écoles mais d'orphelinats : le bénéfice de la bourse, c'était d'abord le malheur de perdre son père ou sa mère, ou les deux... ».

C'est pratiquement la situation que connaît aujourd'hui la population haïtienne ; et une situation dans laquelle la population cubaine aurait pu rester...

En guise de conclusion

Les études de cas proposées n'avaient d'autre objectif que de montrer comment trois pays si dissemblables, la Norvège, Maurice et Cuba, peuvent proposer des modèles de fonctionnement différents mais performants, en fonction de leurs moyens. Tous trois s'efforcent de procurer une forme de bien-être à leurs

---

116 Roland Labarre, Juan Marinello et al., *Cuba, Édition* du Burin, 1969. Consacrée à l'éducation, cette collection porte un nom approprié, *Les portes de la vie.*

populations et de réduire les inégalités que nous avons vues si criantes dans certains pays.

Les gouvernements en place dans deux de ces États ont la caractéristique commune d'être stables et d'être démocratiques. C'est parce que les populations se sentent représentées, écoutées et respectées que les réformes sont acceptées. Dans le troisième, Cuba, l'éducation, la santé ainsi que la réduction des inégalités ont constitué des priorités politiques depuis la mise en place du gouvernement communiste et l'indice de développement humain y a nettement progressé, contribuant à un meilleur développement économique et à l'élévation progressive des revenus de ses habitants. Il peut, à cet égard, constituer un exemple et un espoir pour les populations en profonde difficulté, comme Haïti ou le Mali

Il y a aussi, dans le cas de la Norvège, des ressources économiques incontestables, notamment pétrolières. Dans le cas de Maurice, l'accent a été mis sur le développement du tourisme et sur l'ouverture commerciale et financière au monde extérieur ; la créativité et le souci d'expérimenter des technologies innovantes dans toutes sortes de domaines ont attiré les investisseurs étrangers. Dans les deux cas, la redistribution des richesses s'effectue de façon équitable et transparente. Les écarts de revenus et les inégalités hommes-femmes sont particulièrement réduits en Norvège et l'impôt est redistribué équitablement, en fonction d'une politique sociale juste. La pauvreté est éradiquée à Maurice qui met en place une politique de santé et une politique éducative au service de tous. C'est la même chose à Cuba. La situation économique et la croissance régulière depuis une dizaine d'années ont permis de faire reculer le chômage à Maurice et de donner confiance à toutes les parties de la population. Quant à Cuba, nous l'avons vu, le chômage n'y existe pratiquement pas.

Enfin, les liens de solidarité qui existent entre les Norvégiens ou entre les Mauriciens et la confiance qu'ils ont en leur gouvernement sont certainement des facteurs clés du succès de la politique de ces deux pays. Quant à Cuba, la priorité donnée à l'éducation, à la santé et à la réduction des inégalités explique que son IDH soit si élevé. Certes, au grand détriment de la liberté et de la démocratie dont les Cubains ont été trop longtemps privés. Toutefois, Fidel Castro n'a néanmoins été ni Staline ni Pinochet, et

Cuba n'est pas, non plus, la Corée du Nord. Certes, il faut rester critique quant à la restriction des libertés, mais aussi saluer ces incontestables progrès.

Conclusion

Le monde du partage devra remplacer le partage du monde.

Claude Lelouch

L'égalité n'est jamais acquise : c'est toujours un combat.

François Mitterrand

Notre ouvrage a pour objectif de proposer quelques éclairages sur l'état du monde, sur les injustices flagrantes qu'on y décèle et sur la menace qui pèse, du fait même de ces injustices, sur l'humanité et la planète.

Le bilan d'ensemble peut paraître très sombre. Et pour une part, il l'est. Notamment entre les extrêmes, entre les États comme à l'intérieur des États, les inégalités de tous ordres sont inacceptables, notamment en Haïti ou au Mali, et même en Inde, qui représentent à l'état pur l'extrême misère du Monde, présente aussi, mais de façon plus masquée, dans les États les plus riches : il faut d'autant plus s'attacher à réduire ces inégalités qu'elles ne cessent de croître. Il est un autre domaine, aussi révoltant, celui des inégalités entre les hommes et les femmes, que rien ne justifie. Ces inégalités constituent une immense honte pour l'humanité et doivent donc être totalement éradiquées. Leur élimination, non seulement ne coûterait rien, mais serait un bénéfice énorme pour le développement qu'elles entravent profondément, tout particulièrement dans les États ou régions les plus pauvres.

Mais en même temps qu'il est sombre, ce bilan fait apparaître de précieux gages d'espoir, qui sont notamment illustrés par nos trois études de cas. La Norvège, très égalitaire et avec de belles réussites dans tous les domaines, qui n'est qu'un exemple de situations rencontrées dans d'autres États de l'Europe, en particulier de l'Europe du Nord, dessine un autre chemin, dans le cadre de l'économie de marché, qui laisse place au social, à l'humain et à la démocratie. Elle peut ou devrait susciter des envies à ceux qui s'en approchent, le Canada ou l'Islande et d'autres, mais aussi à des États globalement proches, l'Allemagne et la France, qui feraient mieux de percevoir leurs proximités que d'exacerber leurs différences, ou de pratiquer l'émulation que la compétitivité. Alors que leur rôle va s'accroître, mais aussi la nécessité de leur cohésion, eu égard à la sortie de l'UE de la Grande Bretagne.

Parmi ces gages d'espoir, attirons aussi l'attention sur l'Afrique du Sud et le Brésil... Ils ont en commun d'avoir libéré leurs peuples d'oppressions inadmissibles et restauré la démocratie en s'engageant dans la voie du progrès social et de la réduction des inégalités. Pour leur réussite, ils auront sans doute besoin de l'aide internationale ; mais ils seront aussi de précieux exemples pour les autres États du Brics, ainsi que pour l'ensemble des États en voie de développement...

Dans *Repenser l'inégalité*, Amartya Sen écrivait : « Les problèmes d'injustice sociale et de rapports inéquitables entre classes et groupes différents renvoient puissamment à de très fortes disparités dans le bien-être – et dans les libertés respectives de l'accomplir »[117]. Nous avons, pour les approcher, suivi la voie indiquée par ce célèbre prix Nobel et adopté l'indice de développement humain comme principal étalon de mesure de nos sociétés.

Ces injustices, nous les avons mises au jour, qu'il s'agisse des inégalités inacceptables de revenus, des inégalités selon le sexe, des inégalités dans l'accès à l'éducation et à la santé, ou des inégalités face aux libertés. Pour les étudier, nous avons choisi un échantillon de 20 États parmi les 187 États de la planète, qui soit assez représentatif des situations égalitaires ou inégalitaires rencontrées.

Nous avons, dans un premier temps, abordé les différentes inégalités sous l'angle de la comparaison horizontale, géographique si l'on préfère, c'est-à-dire en comparant les États entre eux de ce point de vue. Puis dans un second temps, nous avons opéré des comparaisons verticales et mis au jour les inégalités au sein même des États. Nous avons vu ainsi que certains États ont des écarts de revenus, par exemple, tout à fait raisonnables et acceptables[118], alors que d'autres, profondément inégalitaires, laissent une grande partie de leur population dans un

[117] Amartya Sen, *Repenser l'inégalité*, Points, 2012, p. 124.

[118] La Norvège, par exemple, dont l'écart entre les déciles extrêmes évolue dans un rapport de 1 à 4.

état de pauvreté, voire de misère, inacceptable et même provocante[119], puisque dans certains cas, le rapport entre les revenus du décile supérieur et ceux du décile inférieur atteint plus de 40 en Afrique du Sud et même la centaine dans certains États de la planète[120].

Quant aux inégalités de sexe, elles sont tout aussi flagrantes. Aucun pays n'est totalement égalitaire dans ce domaine, même si certains œuvrent avec détermination dans ce sens (Norvège, Allemagne, Cuba), d'autres en sont bien loin, comme le Qatar[121].

Quatre siècles avant notre ère, Platon écrivait déjà dans *La République* : « Si nous devons utiliser les femmes aux mêmes tâches que les hommes, ce sont les mêmes enseignements que nous aurons à leur donner. (…) Il n'existe, chez les administrateurs de l'État, aucun objet d'occupation qui soit spécialement celui d'une femme, en tant que femme ; pas un non plus qui soit spécialement celui d'un homme, en tant qu'homme. »[122]. Comment ne pas être tenté par le fait d'évoquer ce philosophe et d'insister sur sa modernité !

Quant aux inégalités dans l'accès à l'éducation et à la santé, elles sont assez flagrantes et paradoxalement, les pays aux faibles revenus par habitant peuvent rivaliser avec les pays aux forts RNB. C'est le cas de Cuba par exemple qui rivalise avec la Norvège dans ces deux domaines. En revanche, il ne rivalise pas avec elle en ce qui concerne l'indice de démocratie puisqu'il est de 3,5 pour l'un et de 9,9 pour l'autre. Sur ce point, nous ne convoquerons pas Platon qui n'était pas un fervent défenseur de la démocratie comme chacun sait.

Afin d'illustrer notre propos relatif aux inégalités, nous avons choisi de présenter quelques pays qui ont relevé ce défi et réussi à y remédier pour une large part. Il s'agit de pays qui se situent différemment sur le plan économique, l'un - la Norvège - est

[119] L'Inde, par exemple, a 42 % de sa population qui vit avec moins de 1,25$ par jour.

[120] <http://www.oecd.org/fr/els/soc/50164080.pdf>

[121] Le voisin du Qatar, l'Arabie Saoudite, vient enfin d'accorder le droit de vote aux femmes…

[122] Platon, *Œuvres complètes I*, « La République », Bibliothèque de La Pléiade, Édition 1950, pp.1021-1027.

extrêmement riche (10e décile), le second – Cuba - est très riche (9e décile) et le troisième - Maurice – n'est que riche[123] (8e décile).

Tous trois proposent des politiques égalitaires, tout en offrant des exemples différents. C'est la raison pour laquelle nous les avons retenus. Il s'agit de montrer qu'il y a des voies possibles vers l'égalité, que l'on dispose de ressources importantes ou plus faibles. Seule, la volonté politique permet de construire des projets justes et équitables pour l'ensemble de la population et permet de ne pas abandonner une partie de celle-ci sur le bord du chemin.

Au terme de cette réflexion, nous ne proposerons pas une cité idéale ni une quelconque utopie mais nous relèverons trois points qui nous apparaissent comme des objectifs indissociables et urgents à atteindre :

- tout mettre en œuvre pour préserver la planète et la biodiversité et assurer ainsi son développement durable ;
- éradiquer la grande pauvreté ;
- donner la priorité au développement humain, en particulier dans les domaines de la santé et de l'éducation.

Nous faisons un quadruple constat :

- La mondialisation est en marche et rien ne l'arrêtera, ni n'arrêtera les flux migratoires, tant que subsisteront des famines et des guerres. Il est toutefois nécessaire de la maîtriser pour qu'elle se fasse au bénéfice des humains et non au profit des minorités. Nous devons réaffirmer haut et fort notre idéal humaniste et notre idéal de justice sociale. La mondialisation doit être pensée avec des valeurs éthiques qui doivent l'emporter sur les valeurs ou les intérêts économiques.
- Aujourd'hui, nous n'avons pas d'autre choix que l'économie de marché mais celle-ci doit être profondément régulée, au bénéfice de l'ensemble du corps social, à tous les niveaux, et sous son contrôle démocratique (démocratie participative). L'économie doit toujours être pensée comme un moyen et non comme une fin. La régulation doit être à la fois économique et politique, au niveau des États ou des groupes d'États, qui n'ont cependant pas toujours les capacités de s'opposer aux pratiques financières extravagantes des grandes banques et des

[123] Selon notre classification.

multinationales, mais aussi au niveau mondial, à travers les grands organismes internationaux, de l'ONU au FMI, dont le fonctionnement démocratique[124] doit progresser.

- Le développement durable doit être pensé comme « un mode de développement qui réponde aux besoins du présent sans compromettre la capacité des générations futures de répondre au leur »[125]. Pour ce faire, il importe de répondre au plus vite aux besoins des plus démunis et de faire passer l'intérêt général avant les intérêts particuliers, afin de remédier aux déséquilibres sociaux et environnementaux que nous constatons chaque jour.

- Pour œuvrer à la mise en place d'une civilisation qui tienne compte de ces priorités, du respect de la planète, du respect de l'homme et de la satisfaction de ses besoins, en particulier la santé et l'éducation, il nous faut lutter contre les égoïsmes et accepter l'idée que notre bien-être passe par le bien-être de tous. C'est une démocratie planétaire qui doit être pensée, et pas seulement une démocratie au niveau d'un État, ni d'un groupe d'États (Les États-Unis d'Amérique, l'Union européenne…), même si cette étape qui consiste à se regrouper entre États proches idéologiquement est une étape transitoire indispensable. Pour parvenir à cette démocratie planétaire, il nous faut adopter les moyens de nos ambitions. Nous passerons ainsi de l'intolérable à l'acceptable.

Pour réduire les inégalités entre les États et au sein même de ceux-ci, faut-il, comme le suggère Joseph Stiglitz à propos des mesures imposées par l'Union européenne à la Grèce, renoncer à ces « politiques imposées [qui] ne marcheront pas, [parce] qu'elles entraîneront la dépression sans fin, des niveaux intolérables de chômage et une inégalité toujours croissante » ? Et celui-ci d'ajouter : « Je crois fortement en la démocratie, et je pense que la bonne façon de faire, quel que soit le cadre économique que l'on pense bon, est la persuasion, non la contrainte. Ce qu'on inflige à la Grèce, ce qu'on exige d'elle, n'est pas raisonnable. L'austérité entraîne une contraction économique. Un capitalisme *solidaire* -

[124] Il y faut à la fois des élus démocratiquement choisis et des experts réellement indépendants.
[125] Cf. rapport Bruntland, *Notre Avenir à tous*, 1987.

antithèse de ce que la Troïka est en train de créer - est la seule façon de créer de la prospérité partagée et durable »[126].

Il s'agit bien de mettre en place un capitalisme solidaire et « un fonds de solidarité pour la stabilité »[127]. Mais n'est-ce pas ce pour quoi le FMI a été créé ? Un vice-président de la Banque Mondiale et un ancien président du FMI, Stiglitz et Camdessus, semblent ne pas avoir la même opinion sur les actions du FMI. Pour Camdessus, « le rôle du Fonds comme caisse de crédit mutuel est d'aider les pays en difficulté de ses financements à court ou moyen terme à un taux d'intérêt faible. Le Fonds coordonne aussi les autres soutiens extérieurs et s'il le faut, les sollicite pour que le pays en difficulté puisse faire face à ses problèmes »[128]. Quant à Stiglitz, il écrit : « En tant qu'économiste en chef de la Banque Mondiale à la fin des années 1990, j'ai pu observer en Asie de l'Est les effets dévastateurs du programme imposé aux pays qui avaient demandé l'aide du FMI ». La seconde position paraît plus pertinente.

Au-delà de ces querelles, il n'en reste pas moins qu'il faut s'acheminer vers un budget mondial qui permette aux États de soutenir ceux d'entre eux qui sont le plus en difficulté, à l'aide de programmes d'aide discutés démocratiquement et non imposés, et sans intérêt. Pour alimenter ce budget mondial, Thomas Piketty propose de créer un impôt mondial sur le capital et nous partageons pleinement ce point de vue : « L'impôt progressif sur le patrimoine individuel est une institution qui permet à l'intérêt général de reprendre le contrôle du capitalisme, tout en s'appuyant sur les forces de propriété privée et de la concurrence. Chaque catégorie de capital est taxée de la même façon (...) L'impôt peut être très lourdement progressif sur les plus hautes fortunes, mais cela peut se faire dans le cadre de l'État de droit, à l'issue d'un débat démocratique »[129].

126<http://www.nytimes.com/2015/07/26/opinion/greece-the-sacrificial-lamb.html?_r=0>.

127<http://www.lemonde.fr/economie/article/2010/05/26/joseph-stiglitz-l-austerite-mene-au-desastre_1361520_3234.html>.

128 Michel Camdessus, *La scène de ce drame est le monde, Treize ans à la tête du FMI,* Les Arènes, 2014.

129 Thomas Piketty, *Le capital au XXIème siècle*, Seuil, 2013, pp. 867-868.

Bien sûr, les fiscalités devraient être harmonisées de manière à éviter les concurrences déloyales entre États et à proposer un même effort solidaire à tous. De même, les paradis fiscaux devraient être supprimés et les transactions financières systématiquement taxées, voire interdites lorsqu'elles ne sont que fictives et entièrement spéculatives. On le voit, le chemin risque d'être long mais il est nécessaire de se fixer des objectifs à long terme et de mettre en place des politiques généreuses capables d'œuvrer en ce sens.

Le budget mondial permettrait de réduire les inégalités entre les États, notamment en matière de revenus, d'éducation et de santé. Il permettrait d'accompagner les pays pauvres ou les pays victimes de grandes catastrophes, naturelles ou résultant de guerres et de conflits. Certes, comme nous l'avons vu, le FMI est actuellement détenteur d'un tel budget mondial. Il conviendrait cependant de repenser le rôle des instances internationales telles que la Banque mondiale ou le FMI, de façon à les démocratiser et à les rendre plus indépendantes des grandes puissances et des oligarchies nationales et internationales.

A l'échelle des États, et des groupements d'États, chacun devrait définir des politiques permettant de réduire les inégalités de revenus et les inégalités entre les sexes et de lutter contre les pertes de développement humain qui atteignent surtout les plus défavorisés. Le but serait d'arriver à limiter les écarts entre les revenus des plus favorisés et des plus pauvres et d'avancer vers un rapport de 1 à 4 entre les déciles extrêmes, à l'image de ce qu'ont mis en œuvre la Norvège, la République tchèque, Cuba et d'autres. Il faudrait à tout prix éviter les revenus obscènes qui ne se justifient pas, ou les imposer de la même manière dans tous les États. Si, par exemple, la Grèce n'est pas en mesure actuellement de faire payer des impôts à ses ressortissants les plus aisés, c'est que « en l'absence d'une coopération internationale adéquate, la Grèce n'a évidemment pas les moyens d'imposer seule une fiscalité juste et adéquate, tant il est facile pour ses plus riches citoyens de déplacer leurs fonds à l'étranger, souvent dans d'autres pays européens »[130].

On le voit, il reste du chemin à parcourir, mais les choses sont en marche comme on peut le constater avec les négociations, qui ont

---

130 Thomas Piketty, *op. cit.*, p. 908.

commencé en 2013, sur les transmissions automatiques d'informations bancaires entre les États, et qui devraient, on l'espère, aboutir…

Réveillons-nous ! Pourquoi l'Union européenne, qui a la chance de ne pas compter d'États réellement pauvres, mais beaucoup d'États riches, ne pourrait-elle pas s'engager résolument dans cette voie, et encourager beaucoup d'autres à la suivre ? Pourquoi, après l'année 2015, qui a vu se tenir à Paris une rencontre essentielle, la Conférence sur le climat, les années qui suivent ne pourraient-elles pas être celles de la mise en place raisonnée d'un Monde du partage, qui s'oppose enfin à la confiscation des richesses au seul profit d'infimes minorités ?

Oui, réveillons-nous et travaillons à la mise en place d'un monde plus juste et plus égalitaire !

Structures éditoriales du groupe L'Harmattan

L'Harmattan Italie
Via degli Artisti, 15
10124 Torino
harmattan.italia@gmail.com

L'Harmattan Hongrie
Kossuth l. u. 14-16.
1053 Budapest
harmattan@harmattan.hu

L'Harmattan Sénégal
10 VDN en face Mermoz
BP 45034 Dakar-Fann
senharmattan@gmail.com

L'Harmattan Cameroun
TSINGA/FECAFOOT
BP 11486 Yaoundé
inkoukam@gmail.com

L'Harmattan Burkina Faso
Achille Somé – tengnule@hotmail.fr

L'Harmattan Guinée
Almamya, rue KA 028 OKB Agency
BP 3470 Conakry
harmattanguinee@yahoo.fr

L'Harmattan RDC
185, avenue Nyangwe
Commune de Lingwala – Kinshasa
matangilamusadila@yahoo.fr

L'Harmattan Congo
67, boulevard Denis-Sassou-N'Guesso
BP 2874 Brazzaville
harmattan.congo@yahoo.fr

L'Harmattan Mali
Sirakoro-Meguetana V31
Bamako
syllaka@yahoo.fr

L'Harmattan Togo
Djidjole – Lomé
Maison Amela
face EPP BATOME
ddamela@aol.com

L'Harmattan Côte d'Ivoire
Résidence Karl – Cité des Arts
Abidjan-Cocody
03 BP 1588 Abidjan
espace_harmattan.ci@hotmail.fr

L'Harmattan Algérie
22, rue Moulay-Mohamed
31000 Oran
info2@harmattan-algerie.com

L'Harmattan Maroc
5, rue Ferrane-Kouicha, Talaâ-Elkbira
Chrableyine, Fès-Médine
30000 Fès
harmattan.maroc@gmail.com

Nos librairies en France

Librairie internationale
16, rue des Écoles – 75005 Paris
librairie.internationale@harmattan.fr
01 40 46 79 11
www.librairieharmattan.com

Lib. sciences humaines & histoire
21, rue des Écoles – 75005 Paris
librairie.sh@harmattan.fr
01 46 34 13 71
www.librairieharmattansh.com

Librairie l'Espace Harmattan
21 bis, rue des Écoles – 75005 Paris
librairie.espace@harmattan.fr
01 43 29 49 42

Lib. Méditerranée & Moyen-Orient
7, rue des Carmes – 75005 Paris
librairie.mediterranee@harmattan.fr
01 43 29 71 15

Librairie Le Lucernaire
53, rue Notre-Dame-des-Champs – 75006 Paris
librairie@lucernaire.fr
01 42 22 67 13

www.ingramcontent.com/pod-product-compliance
Lightning Source LLC
LaVergne TN
LVHW021229061026
849535LV00008B/2981

* 9 7 8 2 3 4 3 1 4 9 7 0 7 *